구도자를 위한 요한복음 설교 ❶
밤에 찾아온 손님

구도자를 위한 요한복음 설교 ❶
밤에 찾아온 손님

2022년 8월 15일 초판 1쇄 인쇄
2022년 8월 20일 초판 1쇄 발행

지은이 | 김용주
펴낸이 | 박영호
교 정 | 김혜지
펴낸곳 | 도서출판 솔로몬

주소 | 서울시 동작구 사당로 170
전화 | 599-1482
팩스 | 592-2104
직영서점 | 596-5225

등록일 | 1990년 7월 31일
등록번호 | 제 16-24호

ISBN 978-89-8255-607-4 03230

2022 ⓒ 김용주
Korean Copyrigh ⓒ 2022
by Solomon Publishing Co., Seoul, Korea

신 저작권법에 의하여 한국 내에서 보호받는 저작물이므로 무단전재와 복제를 금합니다.

밤에 찾아온 손님

구도자를 위한 요한복음 설교 ❶

김용주 지음

솔로몬

| 머리말 |

　설교집을 내고자 하는 생각은 오랫동안 해왔다. 하지만 우리 한국교회 안에는 여러 저명한 외국 목사님들과 국내 목사님들의 설교집들이 차고 넘치고 있다. 그래서 또 한 권의 설교집을 보태는 것이 한국교회에 무슨 도움이 될까라는 생각 때문에 책으로 내는 일을 계속 주저해왔다. 그런데 어느 날 갑자기 구원의 길을 찾고 있는 구도자(求道者)에게 기독교의 구원의 길을 알려줄 책이 필요하다는 생각을 하게 되었다. 그동안 시중에 새 가족을 도와주기 위한 많은 책들이 나와 있지만, 그리고 그중에 추천할 만한 아주 좋은 책들도 있지만, 구도자에게 초점을 맞추면서 강해 설교를 통하여 구원의 길을 제시하는 책은 적은 것 같아 이 책을 출판하고 싶어졌다.
　이 책은 필자가 그동안 분당두레교회 주일 강단에서 선포했던 요한복음 강해의 일부인 1-4장까지의 설교를 담고 있다. 그런데 이미 설교를 해 오신 목사님들이나 설교를 들어온 성도들이면 다 같이 공감하시겠지만, 요한복음의 이 장들에서 사도 요한은 구원의 도에 대한 계시(啓示)와 변증(辨證)에 초점을 맞추고 있다. 이 장들에 기록된 내용들을 보면, 구도자가 예수님을 찾아왔거나 예수님께서 구도자를 찾아가서 나눈 대화들이 여러 부분에서 나타나고 있다. 특히 거듭남에 대하여 궁금해서 밤에 예수님을 찾아온 유대인의 선생 니고데모(3장)와 구원의 물에 목말라 대낮에 물을 길러 나온 사마리아 여자(4장)의 경우가 대표적인 인물들이다. 예수님은 이들에게 인간에게 구원이 왜 필요한지에 대하여, 구원을 받는 방법이 무엇인지에 대하여, 그리고 구원을 받기 위해 우리가 준비해야 할 것들이 무엇인지에 대하여 진지하면서도 자상하게 설명해주신다. 예수님은 그들에게 구원을 받도록 강요하거나 그들의 무지에 대하여 나무라지도 않으신다. 다만 그들의 질문에 대답해주고 때로는 그들에게 질문을 던지시기도 하면서, 자신을 구원의 비밀을 알고 계신 분으로 인식하게 만들어서, 그들 스스로 예수님께서 알려주시는 구원의 길을 받아들이도록 하신다.

이 책은 구도자에게만 유익할 뿐만 아니라 하나님의 말씀을 좀 더 근원적으로 이해하고 싶은 성도들을 위해서도 유익할 것이다. 따라서 각 교회에서는 이 책을 새신자 교육용으로, 더 나아가 제직 모임이나 순모임 교재로도 사용하면 좋겠다는 작은 소망을 가져본다. 이 책이 진리를 찾아 어둠 속을 헤매며, 혹시 기독교에 진리가 있을지 모른다는 생각을 하며, 기대를 가지고 예수님이 계신 방문을 두드리는 구도자들에게 구원의 도를 알려주는 책이 되었으면 좋겠다. 구도자여, 밤에 예수님을 찾아 가십시오! 예수님은 밤에 찾아온 손님을 외면하지 않을 것입니다.

이 책이 나오도록 힘써 주신 모든 분들에게 감사를 드린다. 설교를 들어주신 분당두레교회 성도님들에게, 이 책을 발간하도록 도와주신 박주현 장로님, 홍묘숙 권사님, 손경희 권사님, 김현주 집사님에게, 이 책을 꼼꼼히 교정해주신 김혜지 전도사님에게, 이 책의 서문을 써주신 대구 푸른초장교회 임종구 목사님에게 그리고 이 책을 만들어주신 솔로몬 출판사에게 진심으로 감사드린다.

2022. 6. 25
분당두레교회 목양실에서

| 추천사 |

요한복음을 설교한다는 것은 설교자들에게는 특별한 의미가 있습니다. 왜냐하면 복음의 메시지를 가장 선명하게 설교할 수 있는 성경 가운데 하나가 바로 요한복음이기 때문입니다. 장 칼뱅도 "네 복음서 모두 그리스도를 보여주기 위한 동일한 목적을 가지고 있는데, 처음 세 복음서가 그리스도의 몸을 보여준다면 요한복음은 그리스도의 영혼을 보여 준다"라고 말했습니다. 금번에 김용주 목사님이 요한복음 제1장에서 4장으로 〈밤에 찾아온 손님〉을 출간하게 되셨는데 이 설교집은 무엇보다 현장 목회자의 마음이 잘 녹아 있는 책입니다.

저는 이 설교집을 읽으면서 얼굴에 미소가 지어졌습니다. 왜냐하면 마음을 읽을 수 있었기 때문입니다. 성도들에게 하나라도 더 먹이려는 마음, 가장 좋은 것으로 주려는 마음, 특히 복음의 메시지를 풍성하고 정확하게 전달하려는 마음, 그런 마음은 모든 목회자들, 설교자들의 마음이기 때문에 그런 마음을 알아채는 것은 결코 어렵지 않았습니다. 김용주 목사님은 평생을 현장 목회자로 살아왔습니다. 독일 베를린 반석교회에서 16년간, 분당두레교회에서 12

년째 강단을 지키고 있고, 루터의 십자가 신학으로 훔볼트 대학교에서 박사학위를 받으시고, 그동안 강의와 저술을 통해서도 잘 알려진 분입니다. 제가 이 책을 기쁘고 기꺼이 추천하는 이유는 다음과 같습니다.

먼저 이 책은 개혁신학에 입각하여 쓰인 표준적인 설교집입니다. 여러분 가운데서 개혁신학을 배경으로 하여 작성된 표준적인 설교집을 찾는다면 저는 단연코 이 책을 말씀드리고 싶습니다. 이 설교집은 저자가 얼마나 원문에 충실했는가를 보여줍니다. 미세한 번역상의 차이점을 친절하게 설명해주고, 통상적으로 잘못 해석되어 온 부분을 찾아내어 본문의 교훈을 바르게 전달하고 있습니다. 특히 로마 가톨릭으로부터 현대신학에 이르기까지 경도된 해석을 언급함으로써 회중들을 견실한 정통신학의 뜰에서 보호받도록 배려하고 있습니다.

다음으로 이 책은 구도자들을 위한 설교집입니다. 요한복음이 효과적으로 복음을 설명하기 위해 사용하고 있는 빛과 어두움, 낮과 밤과 같은 메타포를 가져와 구원의 개념으로부터, 구원의 의미, 구원의 은혜를 효과적으로 설명하고 있습니다. 특히 예수님과 니고데모, 예수님과 사마리아 여인과의 만남을 집중적으로 조명함으로써 이 책을 진지하게 읽는 것만으로도 기독교 신앙과 복음, 구원에 이를 수 있을 만큼 친절하게 쓰여있습니다. 복음을 처음 접하거나 복음에 대해 구체적으로 들을 기회가 없었던 사람들에게 더 할 수 없는 좋은 선물이 될 것입니다.

마지막으로 이 책은 은혜로 가득 차 있습니다. 가령 〈예수께서 내게로 왔네〉를 보면 나다나엘과의 만남을 설명하면서 페루의 시인 파블로 네루다의 "시가 나를 찾아왔어"를 소개하고, 이어서 김용택과 정명화의 이야기를 가져옵니다. 그러고선 무화과나무 아래로 찾아오신 예수님을 소개하는 부분은 하나님의 구원경륜을 참 맛깔스럽게 설명한다고 느꼈습니다. 또 설교집 곳곳에서 축구와 같은 우리 일상의 이야기들을 가져와 하나님의 은혜를 설명하는 것을 읽으면서 이 책이 한편으로 회중을 따뜻하게 배려하면서, 또 한편으로는 복음의 교훈으로 이끌고 있음을 발견했습니다.

〈밤에 찾아온 손님〉은 진지한 태도로 구원을 갈망하는 새가족들과, 복음의 메시지를 정확하게 알고 싶은 신자들에게 더할 수 없는 선물이 될 것을 확신합니다. 또한 요한복음에서 복음 메시지를 잘 전하고 싶은 모든 설교자들에게도 이 책은 가장 모범적인 길잡이가 되리라 확신합니다. 귀한 책을 출간하시는 김용주 목사님에게 축하를 드리면서 모든 독자들에게 간곡하게 일독을 권합니다.

임종구 목사

(대구 푸른초장교회 담임목사, 『설교자의 인생』 저자)

| 차 례 |

머리말
추천사

낮을 품은 밤 • 13
말씀, 생명, 빛이신 예수님 15
빛의 증거자 25
육신이 되신 말씀 35
모세와 그리스도 42
무엇을 구하느냐 54
예수께서 내게로 왔네 64

동터오는 새벽 • 75
혼인집의 위기 77
잔치하는 성전 90
신탁(信託)을 거절하신 예수 100
밤에 찾아온 손님 110

낮의 왕국으로 들어가기 위한 조건들 • 121
네가 거듭나지 아니하면 123
물과 성령으로 거듭나야 하리라 136
하나님의 사랑 (1) 150
하나님의 사랑 (2) 161
세상의 사랑 173

낮의 왕국에 사는 자는 어떻게 살아야 하는가 • 185
야곱의 우물 187
가서 네 남편을 불러오라 197
하나님께서 기뻐하시는 예배 209
사마리아 성의 구원 223

에필로그

낮을 품은 밤

말씀, 생명, 빛이신 예수님
빛의 증거자
육신이 되신 말씀
모세와 그리스도
무엇을 구하느냐
예수께서 내게로 왔네

말씀, 생명, 빛이신 예수님

요한복음 1:1-8

　우리가 앞으로 몇 주 동안 계속 살펴 나갈 요한복음은 우리 인생이 가지고 있는 근본적인 문제들을 제기하고 해답을 주는 서신이라고 말씀드릴 수 있습니다. 연구가들은 요한복음은 헬라 사상과 유대 사상을 배경으로 해서 기록되었고, 그 당시 사람들이 제기하는 질문에 대하여 답변하고자 하는 것이 기록 목적이라고 주장하지만, 결국은 인간이 가지고 있는 근본적인 문제를 다루고 답변하고 있다고 볼 수 있습니다. 인간은 누구인가?, 인간은 어디서 와서 어디로 가는가?, 인생의 목적은 무엇인가?, 인생의 궁극적인 문제들은 무엇인가?, 어떻게 단 한 번뿐인 생을 행복하게 살아갈 수 있는가? 등의 인생의 궁극적인 질문들에 대하여 묻고 답하는 책으로 볼 수 있습니다.
　오늘 말씀은 요한복음의 서론에 해당하는 부분으로서 요한복음에서 어떤 문제들에 대하여 다룰 것인지에 대하여 그 주제를 간단하게 요약적으로 제시하고 있습니다. 사도 요한이 이 복음서에서 다루고자 하는 주제는 한마디로 예수 그리스도이십니다. 그는 이 복음서를 통하여, 예수 그리스도가 우리 인생 문제의 유일한 해답임을 알려주고 사람들이 그를 믿어 영생을 얻을 수 있음을 알려주고자 합니다. 여러 연구가들은 이 복음서의 주제 구절을 20장 31절 말씀으로 보고 있습니다.

"오직 이것을 기록함은 너희로 예수께서 하나님의 아들 그리스도이심을 믿게 하려 함이요 또 너희로 믿고 그 이름을 힘입어 생명을 얻게 하려 함이니라."

요한은 오늘 서론 말씀에서는 예수 그리스도가 누구신가에 대하여 세 가지로 요약하여 말해주고 있습니다. 예수 그리스도는 로고스이고, 생명이며, 그리고 사람들의 빛이라고 대답합니다.

1. 예수 그리스도는 세상을 존재하게 한 "그 말씀"(ὁ λογος, 호 로고스)이십니다

이 세상은 어떻게 해서 존재하게 되었는가? 이 질문은 이 세상에 사는 사람이라면 어느 곳에 사는 누구든지 간에 궁금해 하는 질문입니다. 여러 민족들 중에서도 이 세계의 기원 문제에 대하여 가장 확실한 답을 가지고 살았다고 확신했던 사람들은 유대인들이었습니다. 그들은 "태초에 하나님이 천지를 창조하시니라"(창 1:1)라는 토라의 말씀을 그들의 신앙의 근본원칙으로 삼고 살았습니다.

이들은 이 세상을 여호와 하나님께서 만드셨다고 굳건히 믿었습니다. 그러나 그들도 이 시작과 관계해서 전혀 의문이 없는 것은 아니었습니다. 그들은 여호와 하나님께서 이 세상을 어떤 방법을 통하여 만드셨는지에 대해 의문을 가졌습니다. 이들은 여호와 하나님께서 이 세상을 만드실 때 여호와 하나님과 함께 창조의 사역을 하셨던 분이 계셨다고 보았습니다. 그분은 바로 "지혜"(חָכְמָה, 호크마)라는 이름을 가진 분이십니다. 잠 8:22-31에 보면, 하나님께서 천지를 창조하실 때, 그 지혜가 행한 창조의 일에 대한 기록이 나와 있습니다. 그런데 요한은 여기서 말하는 지혜가 바로 "예수님"이시라고 말합니다. 예수님께서 하나님의 지혜가 되어 이 세상을 지혜롭게 창조하셨다는 것입니다.

한편, 세상의 기원 문제에 대하여 유대인들의 성경에 근거한 연역적 답변에 만족하지 못하고, 그 원인을 이성을 통하여 철학적으로 규명해 보려는 사람들이 있었는데 바로 희랍인들이었습니다. 그들은 일찍부터 이 세상의 존재 문제에 특별한 관심을 가지고 존재의 기원을 탐구했는데, 그들은 이것을 존재론(ontology)이라고 불렀습니다. 이들의 주장에 의하면, 이 세상은 그냥 우연히 만들어진 것이 아니라, 이 세상을 창조한 데미우리고스라는 신이 있고, 그 신이 창조 계획을 세운 다음 이 세상을 합리적인 원리에 의하여 만들었다고 보았습니다. 그리고 이 합리적인 원리를 그들의 말로 "호 로고스"(ὁ λογος, 그 말씀)라고 불렀습니다. 그들은 이 원리가 신적인 성격을 가지고 있다고까지 생각했습니다. 이 로고스 사상의 잔재는 오늘날에 이르기까지 우리들이 흔히 사용하는 언어들에 남아 있습니다. 이 로고스라는 단어로부터 오늘의 영어 단어들에 붙어 있는 'logy'가 파생하여, psychology(심리학), biology(생물학) 등의 "학"(學)을 뜻하는 단어들이 파생한 것입니다. 문제는 이 로고스가 과연 무엇인가입니다. 희랍인들은 이 로고스의 정체에 대한 규정에 있어서 의견들이 분분했습니다.

요한은 "그 로고스"가 바로 예수님이라고 말합니다. 이 로고스는 언제부터 계셨는가? 요한은 태초부터 계셨다고 대답합니다. "태초에 말씀이 계시니라." 이 로고스는 어디에 계셨는가? "이 말씀이 하나님과 함께 계셨으니"라고 말합니다. 하나님과 함께 계셨다는 말은 하나님과 동등한 자격을 가지고, 하나님과 인격적인 교제를 가지면서 그분의 생명을 함께 나누신 분이셨다는 뜻입니다. 예수님은 누구십니까? 하나님과 동등한 분으로서, 존재의 면에서 하나님과 같고, 대등한 차원에서 하나님과 관계를 맺고, 하나님께서 하시는 일에서도 전적으로 참여하시는 분이시고, 그분 자신이 하나님이신 분이십니다.

"호 로고스"라는 이 단어를 우리말로는 "말씀"으로 번역했는데, 이것은 본래 영어 성경의 "Word"를 직역한 것입니다. 아마도 라틴어의 영향이 아닌가 추측됩니다. 라틴어로 로고스는 "베르붐"(*verbum*)으로 옮겨졌는데 이 "*verbum*"을 "Word"로 번역한 것입니다. 어쨌든 말씀이라는 번역은 좋은 번역이기는 하지만, 최상의 번역은 아니라는 생각이 듭니다. "하나님의 말씀, 창조하는 말씀, 행동하는 말씀"으로 번역하면 더 좋았지 않았나 생각합니다. 라틴어 "*verbum*"에서 영어 단어 "verb"라는 동사가 파생하기도 했기 때문입니다. 말씀은 말씀인데 움직이는 말씀, 창조하는 말씀이라는 것입니다.

오늘 본문 1장 3절에 보면, 더 나아가 이 말씀이 창조의 원인자가 되었다고 말하고 있습니다. 세상에 존재하는 그 어떤 것도 "그 로고스", 즉 예수 그리스도 없이는 된 것이 없다고 말합니다. 이 세상은 예수 그리스도 때문에 생겨났습니다. 우주 창조의 비밀은 예수 그리스도이십니다. 그분으로부터 만물이 나왔습니다. 그가 없이 된 것은 아무것도 없습니다. 사도 바울도 이와 똑같은 주장을 합니다. "이는 만물이 주에게서 나오고 주로 말미암고 주에게로 돌아감이라"(롬 11:36). 이런 사실을 생각할 때, 요즈음 일어나고 있는 생명사랑운동은 예수사랑운동으로부터 시작되어야 합니다. 반대로 말하자면 예수사랑운동은 생명살리기운동으로 나아가져야만 합니다. 예수 그리스도의 복음 전파는 영혼의 생명을 살리는 것에만 국한되어져서는 안 되며 이 우주 전체의 생명을 살리는 데 기여해야 합니다. 나무살리기운동, 곤충살리기운동 등 생태계보존운동은 예수복음운동과 동떨어진 것이 될 수 없다는 것입니다. 이런 생태계보존운동은 불교에만 관계되었지 기독교와는 관계가 없다고 보는 사람들은 만물이 다 예수님에게로부터 나왔다는 말씀을 무시하고 있지는 않은지 생각해 보아야 합니다.

2. 예수 그리스도 안에 "생명"(ζωή, 조에)가 있었습니다

영어로는 Life이고 독일어로는 Leben인 생명은 무엇일까요? 참 어려운 질문입니다. 영적 생명은 그만두고서라도 생물학적인 생명도 그 비밀을 밝히기 어렵습니다. 오늘날 생명공학이 최첨단으로 발달을 했어도 아직도 생명의 기원의 문제를 명쾌하게 밝히지 못하고 있습니다. 더군다나 우리가 생(life)이라고 부르는 이생의 비밀은 해명하기 더욱 어렵습니다. 일평생을 살아보고 난 다음, "이제 조금 알 것 같다"고 말하자마자 숨 떨어지는 것이 인생입니다. 인생이 무엇입니까? 유행가 가사처럼 "인생은 미완성, 쓰다가 만 편지"입니까?

사도 요한은 오늘 말씀을 통해, 우리가 말하는 생명은 바로 예수 안에 있었다고 전하고 있습니다. "그 안에 생명이 있었으니." 그런데 인간은 예수님에게서 떨어져 나오면서 참 생명과 멀어지게 되었습니다. 여러분, 왜 우리가 이처럼 이상적인 삶을 그리워합니까? 이전에 생명을 가져 보았기에 그 생명을 회상하는 것입니다. 생의 아름다운 날들이 있었기에 그날을 간절히 찾는 것입니다. 이상적인 삶을 살아보았기에 생이 넘치던 두고 온 고향을 그리워하는 것입니다. 그러면 우리 인간은 언제부터 생명을 잃었습니까?

인간은 최초의 인간인 아담이 범한 죄로 인하여 하나님과 관계가 끊어지면서 참 생명과의 관계도 끊어지게 되었습니다. 우리의 삶은 그때부터 진짜 삶이 아니라 가짜 삶이, 진품의 삶이 아닌 모조품 삶이 되었습니다. 희랍의 철학자 플라톤의 철학 주제가 바로 이데아(Idea)의 세계입니다. 인간은 이데아의 세계를, 즉 잃어버린 선의 세계, 이상의 세계, 생명의 세계를 되찾아야만 행복해질 수 있으며, 철학은 그리로 찾아가는 통로가 되어줄 수 있다는 것이 그의 지론입니다. 20세기에 발흥해서 오늘날까지도 영향을 미치고 있는 실존주의 철학의 주제도, 혹은 이와 비슷한 생의 철학의 주제도, 잃어버린 진짜 삶을 찾는 것을 그들의 목표로 하고 있습니다. 이 분야의 최고봉이라고 말할 수 있는 독일 철학자 하이데거 역시 지금 우리가 사는 생은, 대개 대중매체에 의하여 만들어진 가짜 생이라고 말합니다. 그래서 그는 이 현재의 실존을 넘어서 있는 본래적인 실존을 찾고 본래적인 생을 찾고자 했습니다. 그런데 그의 철학이 성경 요 1:1-18에 영향을 받아 만들어졌다고 말하는 사람들이 많습니다.

이 문제에 대하여 사도 요한은 확실하게 말합니다. 바로 "그 생명이 예수님 안에 있었다." 그래서 예수님께서 이 세상에 오신 것은 자신 안에 있는 참 생명을 나누어 주시기 위함이었다는 것입니다. 기억합시다. 예수님은 모조 생이 아닌 원래 생, 거짓 생이 아닌 진짜 생, 현실의 생이 아닌 이상의 생, 만들어진 삶이 아닌 창조하는 삶을 살도록 하기 위하여 세상에 오셨습니다.

3. 예수님의 생명은 사람들의 빛이십니다

생명이 있는 곳에는 그 생명으로부터 빛이 발산됩니다. 봄이 오면 생명이 약동합니다. 그리고 생명이 뿜어내는 빛으로 세상은 환해집니다. 빛은 어디에서 나옵니까? 생명으로부터 나옵니다. 다 죽어가는 사람은 생기가 없습니다. 얼굴이 어두워집니다. 그러나 그 속에 생명이 살아나기 시작하면 금방 얼굴에 생기가 돌고 빛이 나기 시작합니다. 우리 역시 골치 아픈 문제로 근심에 빠져 있을 때 우리 얼굴이 어두워집니다. 그러나 그 문제에서 빠져나오고 마음이 편안해지면 다시 얼굴에 빛이 나기 시작합니다. 그래서 화장을 안 하고 보톡스를 맞지 않아도 얼굴에 살이 오르고 피부가 살아나게 됩니다.

예수님의 생명이 가는 곳에 빛이 따라갑니다. 예수님은 사람들에게 생명을 주시어 그들의 마음과 얼굴이 빛나게 합니다. 이사야 선지자는 예수 그리스도께서 오심과 함께 빛의 세상이 도래할 것을 예언하였습니다. "흑암에 행하던 백성이 큰 빛을 보고 사망의 그늘진 땅에 거주하던 자에게 빛이 비치도다"(사 9:2). 그런데 우리가 유념해야 할 사실은, 예수님을 통해서 나오는 빛만이 참 빛(lux vera)이라는 사실입니다. 우리 인간은 이 빛만이 참 빛임을 믿어야 합니다. 그리고 그 빛을 받아들이고 그 빛 가운데로 나와 빛의 세상으로 들어와야 합니다. 그리고 빛 되신 예수님 안에서 빛의 세상을 살아야 합니다. 그러나 인간들은 이미 예수님 당시부터 이 참 빛을 거부하고 자신들이 스스로 빛을 만들려고 했습니다. 여러 종교 교주들과 여러 철학자들이 자신들의 빛을 만들었고 많은 사람들이 그 빛을 따라갔습니다.

특별히 여러 철학 사조들 중에서도 빛에 가장 많은 관심을 가진 운동이 계몽주의 운동입니다. 독일과 프랑스의 지식인들을 중심으로 시작된 이 계몽주의는 문자 그대로 무지몽매한 대중들에게 빛을 던져주는 운동입니다. 계몽주의는 독일어로 '아우프클레룽'(Aufklärung)이라고 하는데, 독일인들이 이 말을 쓰게 된 이유는 희미한 것을 분명하게 해주는 운동이란 의미를 부각시키기 위함입니다. 영어권의 사람들은 이 말을 '인라이트먼트'(En-light-ment)로 번역했는데, 무지한 사람들 속에 빛을 던지는 운동이라는 점을 부각시킨 번역입니다. 계몽주의자들은 대중들에게 세상을 밝히는 빛은 종교나 교회 안에 있다는 말을 믿지 말라고 외쳤습니다. 그들은 세상을 밝히는 빛은 우리 인간 안에 선천적으로 주어져 있지만, 그 빛이 여러 가지 전통이나 교회의 압제로 인하여 가려져 있으니, 그런 것들로부터 벗어나면 그 빛이 다시 비추기 시작한다고 주장했습니다. 계몽주의자들은 사람들 중에서 먼저 빛을 받은 선견자들이 있는데 대중들이 이들의 말을 따르면 모두가 빛의 세상으로 들어갈 수 있으며, 무지와 압제로부터 빠져나와 자기 지식을 가지고 주체적으로 결단하며 살아가는 자유인의 삶을 살아갈 수 있다고 주장했습니다. 이렇게 이성을 가지고 멋진 신세계를 만들 수 있다고 말하는 사람들을 우리는 모더니스트(현대주의자)라고 부릅니다. 그러나 일군의 학자들은 이미 20세기 말부터 이성중심의 모더니즘은 실패했다고 말하면서, 이제는 더 이상 이성중심의 모더니즘의 시대가 아닌 감정이나 다른 척도들이 중심이 된 포스트모던의 시대가 도래해야 한다고 주장하고 있습니다.

    이 세상에는 참 빛과 거짓 빛이 있습니다. 인간이 만든 빛과 하나님께서 만들어주신 빛이 있습니다. 하나님께서 우리 인간에게 생명을 주시기 위하여 선물로 주신 빛은 오직 예수님의 생명으로부터 나오는 빛뿐입니다. 예수님의 말씀이 전해지고 예수님의 생명이 잉태될 때 그 사람 속에는 비로소 빛이 발현되어 나오고, 그 빛으로 인하여 마음도 환해지고 얼굴도 환해지고 삶 전체가 투명한 삶이 되는 것입니다. 예수님의 말씀을 듣지 않고 그 생명을 거부할 때 그는 여전히 영혼이 죽은 상태에서 어둠에 살며 어둠의 일들을 좇아 살게 됩니다.

    그런데 예수님께서 사람을 입고 세상에 오시기 전까지는 이 빛이 아직 오지 않았습니다. 곧 올 것이라고 예언만 되었습니다. 그런데 때가 되었을 때 마침내 하나님께서 빛 되신 예수님을 이 땅에 보내 주셨습니다. 예수님은 육신을 입고 세상에 들어와서 직접 그 빛을 비추어주고 계셨습니다. 그를 본 자는, 그의 말씀을 들은 자는 그 안에 있는 생명에서 뿜어져 나오는 그 빛을 보지 않을 수 없었고 그 빛의 눈부심 앞에 눈을 가리지 않을 수 없었습니다. 그런데도 본문 5절 말씀처럼 사람들은 이 빛을 보면서도 깨닫지 못했습니다. 오늘 우리가 사는 세상도 마찬가지입니다. 예수님께서 오셔서 말씀을 주시고 생명을 주시고 빛을 던져주어도 사람들은 그분을 받아들이지 않습니다. 그분의 말씀을 들을 때 자기 영혼 깊숙한 곳의 생각까지도 비춰주시는 강력한 빛의 힘을 받아 온 전신에 빛의 파장을 경험하면서도, 사람들은 그분의 빛을 전혀 받아들이지 않습니다. 어떻게 하면 이들이 예수님을 받아들일 수 있을까요?

빛의 증거자

요한복음 1:6-13

1. 지금은 증거자들의 전성시대이다

2015년에 방영되었던 MBC의 〈나는 가수다〉라는 가요 프로그램이 혹시 기억나십니까? 〈나는 가수다〉는 그해 동안 TV 프로그램 중에서 가장 인기 있는 프로그램 중 하나였습니다. 이 프로그램에 출연하는 가수들은 가요계에서 정평이 나있는 실력파 가수들입니다. 그런데 이들은 본인 노래를 부르는 것이 아니라 다른 가수들이 불렀던 노래를 불러야 합니다. 여기에 나오는 가수들은 이전에 유명한 가수들이 불렀던 곡들을 리메이크해서 부릅니다. 그런데 이들이 그 곡들을 잘 소화해서 부르면 그 가수 자신도 뜰뿐만 아니라, 이전에 그 노래를 불렀던 원곡 가수 역시 다시 살아나게 되어 있습니다. 그러나 거꾸로 그 가수의 곡을 잘못 부르면 자신도 죽고 원곡 가수도 살아나지 못합니다. 〈나는 가수다〉에 출연하는 가수들은 말하자면 증거자의 역할을 하는 것입니다. 이들이 증거를 잘하면 이전의 원곡 가수들이 살아나고, 이들이 증거를 잘못하면 원곡 가수들이 죽는 것입니다. 이러한 현상은 가요계뿐만 아니라 독립운동가들도 마찬가지입니다. 안중근의 증거자들이 그에 관하여 증거를 잘하면 안중근이 되살아나지만, 증거를 어중간하게 하면 그저 그런 인물로 머무르고 마는 것입니다.

종교개혁자 마틴 루터의 경우가 대표적입니다. 독일 통일 10주년이 되었을 때 어느 일간 신문에서 앙케이트를 실시했습니다. 독일 국민들에게 "지금까지의 독일 역사에서 독일 사람들이 가장 존경하는 인물은 누구입니까?"라고 물었더니, 놀랍게도 종교개혁자 마틴 루터가 1위로 뽑혔습니다. 루터는 독일인들에게 있어 한국의 세종대왕 같은 사람입니다. 지금도 루터를 추종하는 루터교는 로마 가톨릭을 제외하고, 우리 개신교 종파 중에서는 가장 많은 신도를 보유하고 있습니다. 그런데 우리 한국에서는 루터가 별로 유명하지 않습니다. 왜 그럴까요? 그를 증거하는 사람들이 신통치 않았기 때문입니다. 제가 루터를 전공한 후에 한국에 돌아와서 지난 몇 년동안 총신 신대원과 몇 학교에서 루터 강의를 했는데, 저의 강의를 들어 본 사람들은 제가 지금까지 전혀 들어보지 못한 새로운 루터를 소개한다고 말했습니다. 저는 청중들에게 종교개혁을 바로 이해하려면, 루터와 칼빈을 서로 대립시키면서 연구하지 말고 둘을 함께 보는 방향으로 해야 한다고 역설하고 있습니다.

우리 기독교는 감사하게도 그동안 뛰어난 증거자들을 배출했습니다. 사도 바울, 힙포의 감독 어거스틴, 마틴 루터, 존 칼빈, 존 웨슬리 등은 당대 학계에서도 가장 뛰어난 인물들이었습니다. 존 오웬, 조나단 에드워드, 마틴 로이드 존스, 존 스토트, 알리스터 맥그래스, 그리고 일부의 독일의 신학자들 등 근현대의 가장 위대한 인물들 역시 당대 어떤 분야, 어떤 사람들하고 비교해서도 떨어지지 않는 탁월한 인물들이었습니다. 이들은 가르침뿐만 아니라 인격적으로도 걸출했습니다. 이런 증인들이 있었기에 우리 기독교가 지금까지 번창하고 있는 것입니다. 하지만 예수님에 관하여 증거한 최초의 증거자는 오늘 살펴볼 세례 요한이었습니다.

2. 세례 요한은 증거자로 보냄을 받았습니다

6-7절에서 나와 있듯이, 세례 요한은 하나님으로부터 보내심을 받았습니다. 모든 예언자들과 같이 그 역시 보내심을 받은 사람입니다. 그는 자기 안에 있는 정신으로 예수님을 알아보고 증거하지 않았습니다. 세례 요한은 예수님에 대하여 증거하도록 하나님으로부터 보내심을 받았습니다. 요한이라는 자신의 이름조차도 자기 아버지가 하나님으로부터 하사받았습니다. 또한 그는 증거하도록 보내심을 받았습니다. 그의 사명은 증거였습니다. 그는 어떤 사상을 창시하려 하지 않았으며, 이미 주어져 있는 사실에 대하여 증거하고자 했을 뿐이었습니다.

그는 자신은 "그 빛"(το φωτος, 토 포토스)이 아니며, 단지 그 빛에 대하여 증거하기 위하여 보내심을 받은 사람일 뿐이며, 그렇게 하는 이유는 자신의 증거를 통하여 사람들이 그 빛을 믿도록 하기 위함이라고 말했습니다. 그는 자신의 증거를 통하여 자신을 빛나게 하려고 하지 않았고 오직 그 빛이 빛나도록 하는 데 온 힘을 쏟아 부었습니다. 그 빛을 "믿도록 하기 위함"(πιστευσωσιν, 피스튜쇼신)이라는 표현에 주목합시다. 그는 사람들이 그 빛을 "알도록", "보도록" 하기 위함이 아니라, 그 빛을 "믿도록" 하기 위해서 증거했습니다.

'믿음'이라는 단어는 요한복음에 자주 나타나는 단어입니다. 지난 시간 말씀드렸던 것처럼, 이 서신의 기록 목적이 사람들로 하여금 예수님이 하나님의 아들이심을 알고 그를 믿어 영생을 얻도록 하기 위함이었습니다. "모든"(παντες, 판테스)이라는 단어에도 주의합시다. 요한이 빛 되신 예수님에 대하여 증거하는 것은 어느 일부의 민족들, 종족들, 사람들만 믿도록 하기 위함이 아닙니다. 초대교회를 어지럽혔던 영지주의자들은 그 지식을 오직 일부의 사람들에게만 전수했습니다. 그러나 세례 요한은 유대인과 이방인, 남녀노소 빈부귀천을 따지지 않고 세상에 있는 모든 사람들에게 이 빛을 믿도록 증거했습니다.

이 책의 저자 사도 요한은 세례 요한이 그 빛이 아니라 그 빛에 대하여 증거하기 위하여 온 사람임을 분명히 합니다. 8절을 봅시다. "그는 그 빛이 아니었다"(ουκ ην εκεινος το φως). 그는 자신을 빛으로 만들려 하지 않았다는 점을 강조하기 위하여 "아니었다"(ουκ, 우크)를 문장의 가장 앞에 배치합니다. 세례 요한 자신은 그런 마음을 조금도, 단 한 번도 갖지 않았으며, 단지 그 빛에 관하여 증거하기 위해 온 자라고 말하면서 대중들 앞에서 자신이 누구인지를 분명히 했다는 것입니다. 그는 자기정체성이 분명한 사람이었습니다. 요즈음 우리 사회가 가지고 있는 가장 큰 문제 중 하나는 자기정체성의 상실입니다. 많은 사람들이 자기가 어떤 사람인지 망각하고 삽니다. 사회뿐만 아니라 종교계도 그렇습니다. 한국교회 지도자들 역시 자신이 누군지를 알고 자기가 서 있는 자리를 잘 지켜야 합니다. 여기에 모여 있는 우리 모두는 '그 빛'이 아닙니다. 또 그 빛이 되려고 해서도 안 됩니다. 우리는 모두 빛이신 예수님에 대하여 증거하기 위하여 부름을 받아 모여 있는 사람입니다. 먼저 우리가 빛에 대한 증거를 듣고 이곳에 와서 그 빛의 속성을 배우고 나가서 빛에 대하여 증거하기 위해 이곳에 모여 있습니다.

3. 그 빛은 어떤 빛이었습니까?

우리가 보는 빛에 대하여 대중들은 그냥 쳐다보고 느끼는 정도지만 물리학자들은 이 빛의 성질에 대하여 연구를 합니다. 마찬가지로 요한은 그가 증거하고자 하는 그 빛의 성질에 대하여 전해주고 있습니다. 9절을 봅시다.

그 빛은 참 빛이라고 말합니다. 자신이 증거하는 빛은 거짓(pseudo) 빛이 아니라는 뜻입니다. 이 세상에 여러 빛들이 있지만 그런 빛들은 거짓된 빛들이므로, 잠시 동안만 비추다 사라지는 빛들입니다. 그런 빛들은 영원한 빛이 될 수 없고, 사람들에게 생명을 주는 빛이 될 수 없습니다. 오직 예수 그리스도만이 사람들에게 생명을 주는 참 빛이십니다. 계속하여 그는 그 빛은 모든 사람들을 비추는 빛이라고 말합니다. 유대인만 비추는 빛이 아니라 이방인들도 비추는 빛이라는 뜻입니다. 예수님 당시 존재했던 종교공동체들인 바리새파나, 에세네파, 영지주의 그룹들이 주장하는 것처럼 소수의 영적 엘리트들만 비추는 빛이 아니라는 것입니다. 그는 "비추고 있다"(φωτιζει, 포티제이)라는 현재형을 사용하여 자신이 증거하는 예수 그리스도는 어제도 지금도 장차도 계속하여 지속적으로 모든 사람들을 '비추고 있는 빛'이라는 점을 강조하고 있습니다. 또한 요한이 증거하는 그 빛은 이 세상 안으로 들어와서 비추는 빛입니다. 빛 되신 예수님은 저 공중에 떠 있어 단지 우리가 쳐다만 보고 있어야만 하는 그런 빛이 아니십니다. 그는 어두운 세상 안으로 들어와서 세상 안에 있는 어둠과 싸워 그 어두움을 몰아내고 사람들에게 생명을 주는 빛입니다. 그 빛은 단지 영적 세계에만 혹은 정신의 세계에만 있는 빛이 아니라, 바로 우리들이 사는 이 세상 속으로 들어와서 비추는 세상의 빛이라는 것입니다.

4. 세상은 이 빛을 알려 하지 않았고, 자기 백성도 그를 영접하지 않았습니다

10절을 봅시다. "그가 세상에 계셨으며 세상은 그로 말미암아 지은 바 되었으되 세상이 그를 알지 못하였고." 요한은 그 빛은 이 세상 안에 있었고, 이 세상 안에 들어와 세상을 비추고 다녔다고 말합니다. 이 세상은 그를 통하여 만들어졌음에도 불구하고 그를 알지 못했습니다. 여기서 알지 못했다는 뜻은, 세상이 그를 인간에게 생명을 가져다주는 빛으로 알려고 하지 않았다는 뜻입니다. 거절과 거역의 의미가 담겨있습니다. 빛이 가는 곳마다 그 빛은 분명히 이 세상의 다른 빛들과는 차원이 다른 하늘에서 내려온 참 빛이라는 것을 분명히 알려주고 있는데도 사람들이 고집을 부리며 그 빛을 받아들이지 않았다는 것입니다.

11절을 봅시다. "자기 땅에 오매 자기 백성이 영접하지 아니하였으나." 예수님은 자기 땅에 오셨습니다. 이미 이전에 이 빛에 대하여 수없이 많은 예언자들을 통하여 증거를 받았던 백성에게 먼저 오셨습니다. 여기서 주의할 점은 이들에게만 오셨다는 뜻이 아니라 순서적으로 먼저 오신 것입니다. 유대 땅에서 먼저 영접을 받은 후에 그다음에 이방인들에게로 영접을 받으러 가시려 했던 것입니다. 그런데 문제가 생겼습니다. 그것은 바로 그를 메시야로 당연히 받아들일 줄 알았던 자기 백성들이 그를 영접하지 않았다는 것입니다. 하나님께서 역사를 통하여, 예언의 말씀과 제사 제도를 통하여, 혹은 이적과 표적을 통하여 그에 대하여 충분한 지식을 알려주었는데도, 그래서 그를 모른다고 핑계할 수 없었는데도 불구하고 그들은 참 빛이신 예수님을 배척했습니다. 그러나 모든 사람들이 영접하지 않은 것이 아니었습니다.

5. 영접하는 자는 누구든지
하나님의 자녀가 되는 권세를 가집니다

12절을 봅시다. 그를 영접하는 누구나에게 하나님의 자녀가 되는 권세를 주신다고 약속하십니다. 유대인이든지, 이방인이든지, 누구든지 이 증거를 듣고 예수님을 영접하면 그 사람에게 "하나님의 자녀"가 되는 권세(εξουσια, 엑수시아)를 주신다고 말합니다. 그러면 영접한다는 뜻이 구체적으로 무엇입니까? 사도는 바로 이어서 "곧 그 이름을 믿는 자들에게는"이라고 말합니다. 영접한다는 것은 곧 예수 그리스도의 이름을 믿는 것을 의미합니다. 예수 그리스도의 이름을 믿는다는 것이 무엇입니까? 그분이 하나님의 아들 되신다는 것과 그분이 하나님과 똑같은 성품과 지혜와 권능을 가지신 분으로 믿는 것을 말합니다. 누군가가 플라톤의 이름을 믿었다고 생각해 봅시다. 그것은 플라톤의 존재, 성품, 사상, 행적 전체를 받아들였다는 뜻입니다. 요즈음 현대 신학자들 중에는 예수님의 존재는 받아들일 수 없으나, 그의 가르침은 본받을 만하다고 생각하는 사람들이 있습니다. 그러나 그들은 실제로는 예수님을 받아들이지 않은 것입니다. 여전히 예수는 하나님의 아들이 아니라 인간들 중 뛰어난 한 사람 정도로 말하면서, 그의 십자가와 부활의 행적은 믿지 않으면서, 그의 감화력 있는 도덕적 가르침은 받아들일 수 있다고 말하는 것은 실제로 예수님을 믿지 않는 것입니다.

그러므로 예수님을 영접한다는 것은 그의 이름을 믿는 것이고, 그분이 하나님의 아들 되심을 믿는 것이고, 그분의 뛰어난 행적과 가르침을 믿는 것입니다. 하나님은 이렇게 그를 믿는 자들을 기뻐하시고 그들에게 그의 자녀가 되는 권세를 주십니다. 왕으로 세워지면 왕으로 행사할 수 있는 권세가 주어지듯이, 우리가 하나님의 자녀로 받아들여지면 우리 역시 하나님의 자녀로서 행사할 수 있는 권세가 주어집니다. 우리는 하나님과 교제할 수 있는 권세를, 그에게 간구하고 청원할 수 있는 권세를 가집니다. 하나님께서는 우리에게 수행원들을 붙여주시고, 우리는 하나님의 이름으로 모든 일을 집행할 수 있습니다. 그래서 만일 누군가가 이 일을 가로막는다면, 하나님께서 그를 가만두지 않습니다.

6. 그런데 이 하나님의 자녀는
오직 하나님께서만 만들 수 있습니다

13절을 봅시다. "이는 혈통으로나 육정으로나 사람의 뜻으로 나지 아니하고 오직 하나님으로부터 난 자들이니라." 하나님의 자녀가 누리는 권세는 정말 대단합니다. 만일 이 사실을 알기만 한다면 누구나 하나님의 자녀가 되려고 할 것입니다. 그러나 유감스럽게도 많은 분들이 하나님의 자녀가 되는 권세가 어떤 권세인지 전혀 모르고 있습니다. 만약 누가 그의 권세를 알게 된다면, 그것을 누리기 위해서 하나님의 자녀가 되려고 할 것입니다. 그런데 문제는 하나님의 자녀는 인간의 의지나 노력이나 혈통을 통해서 될 수 없습니다. 아무리 자기 증조할아버지가 사무엘이나 다윗이라 하더라도, 이 사실이 곧 그를 하나님의 자녀로 만들어 줄 수 없습니다. "육정으로도" 날 수 없습니다. 육정으로는 육체의 뜻이라 번역해야 합니다. "아 나는 하나님의 자녀가 되어야겠다"라고 생각하고 그렇게 되려고 한다고 해서 되는 것이 아니라는 것입니다. "사람의 뜻으로 나지 아니하고." 사람들이 이렇게 좋은 하나님의 자녀를 내가 만들어 주겠다고 말한다고 해서 될 수 없습니다. 하나님의 자녀는 오직 하나님 아버지만이 만들어 주실 수 있습니다.

하나님께서 어떻게 하나님의 자녀들을 만들 수 있습니까? 바로 증거의 말씀을 통해서입니다. 우리가 증거자들을 통하여 예수님의 말씀을 들을 때, 하나님께서 성령님을 보내시어 우리의 마음을 새롭게 만드십니다. 그 증거의 말씀으로 그들의 마음에 세례를 받게 하여 그 마음이 하나님께로 돌아서게 만드십니다. 어떻게 하나님의 자녀가 될 수 있습니까? 하나님께서 예수 그리스도에 관한 말씀과 성령으로 죄인들인 우리를 하나님의 자녀로 새로 태어나게 하심을 통해서입니다. 그러므로 하나님의 자녀가 되기 위해서는 증거자들의 입을 통하여 주어지는 말씀을 들어야 합니다. 우리는 그 빛에게로 직접 다가갈 수 없습니다. 그 곁으로 가서 바라보는 즉시 죽임을 당합니다. 오직 하나님의 말씀을 통하여 그 빛으로 나아가야 합니다. 그래서 우리가 이 증거의 말씀을 듣고 마음을 열고 그 말씀을 받아들이고, 예수님이 하나님의 아들이심을 믿는다면, 우리는 빛 가운데로 들어갈 수 있습니다. 그리고 그 빛이 가져오는 생명을 받을 수 있습니다. 소위 영생을 얻을 수 있습니다. 그러므로 교회는 증인들의 교회로서 증거하는 교회가 되어야 합니다. 교회는 존속하는 동안 증거의 사명을 수행해야 합니다. 누구에 대하여 증거해야 합니까? 예수님께서 참 빛이고 생명임을 증거해야 합니다. 이 땅의 모든 교회는 단지 증거를 위해 존재하는 증인들의 교회일 뿐입니다. 그러므로 우리 모두는 세례 요한과 같은 증거자들이 되어야 합니다.

육신(肉身)이 되신 말씀

요한복음 1:14-16

예전에 어느 책을 보다가 "하나님이 되고자 하는 사람들은 많지만 사람이 되고자 하는 하나님은 없다"라는 말을 발견했습니다. 여러분, 하나님이 되려는 사람들은 많습니다. 그러나 사람이 되려는 하나님은 없습니다. 그러나 예수님은 하나님이시지만, 사람이 되셨습니다. 예수님은 하늘에서 하나님 대우만 받으려 하시지 않고 친히 사람의 모습을 입으시고 이 세상으로 들어오셨습니다. 그뿐만 아니라 우리 가운데 거하셨습니다.

1. 예수님은 우리 가운데 거하셨습니다

14절을 봅시다. "우리 가운데 거하시매." 그는 이 세상 역사의 한복판으로 들어오셨습니다. 심지어 보통 사람들이 태어나는 곳에도 미치지 못하는 마구간에서 태어나셨습니다. 그리고 그 사회의 가장 밑바닥을 살아가는 사람들이 사는 곳에서 그들과 함께 거했습니다. 우리는 국회의원이 되고 나면 자신의 지역구에서 거의 거주하지 않는 분들에 대하여 보고 듣습니다. 그들은 국회의원의 지위를 이용해서 특권을 누리고 또 특권층들이 사는 곳에 거주하곤 합니다. 그러다 선거철만 되면 그 지역을 가장 사랑하는 사람인 것처럼 선전합니다. 예수님은 일반 서민들 속에, 앉은뱅이, 소경, 절뚝발이, 병든 자들 그리고 귀신 들린 자들, 창녀들이 있는 곳에 거주하셨습니다. 어떻게 거주하셨습니까?

텐트를 치고 거주하듯이 거주하셨고, 일시적으로 거주하신 것이 아니라 상근 거주하셨습니다. 여기서 거주하다는 동사는 본래 구약적 배경을 가지고 있습니다. "거하시매"라는 단어는 "거주하다"라는 동사인 "스케노오"(σκηνόω)의 부정과거형인데, 이 스케노오라는 단어는 바로 구약에서 쓰인 히브리어 "샤칸"(שכן) 동사를 번역한 것입니다. 이 샤칸 동사는 성막(聖幕)과 밀접한 관계가 있습니다. 모세는 하나님의 명령을 따라 가르쳐준 식양에 따라 성막을 완성했습니다. 그러자 하나님의 임재를 상징하는 구름이 그 위에 머물렀습니다(출 40장, 민 9장). 이 구름을 "쉐키나"(שכינה)의 구름이라고 불렸습니다. 그런데 구름이 성막 위에 머무르고(샤칸) 있을 때, "여호와의 영광"(כבוד יהוה, 카보드 야훼)이 성막에 충만했습니다. 구름이 성막 위에 머무르고 있다는 뜻은 여호와께서 그곳에 임재하고 계신다는 것을 의미합니다.

그런데 바로 이 성막은 장차 다가올 예수 그리스도를 상징합니다. 하나님의 영광이 어디에 머무르시는가? 바로 말씀이 육신이 되신 그분 안에 머무른다는 뜻입니다. 즉 예수 그리스도가 머무는 곳이 곧 하나님이 머무는 곳입니다. 예수 그리스도가 움직이면 하나님도 움직이시고, 예수 그리스도가 멈춰 서시면 하나님도 멈춰 서신다는 뜻입니다.

2. 그의 영광은 아버지의 독생자의 영광이었습니다

"우리가 그 영광을 보니"(14). 세례 요한은 육신을 입고 유대 땅에 오셔서, 갈릴리에서 자기에게 나아와 세례를 받으시던 나사렛 예수 위에 하나님의 영광이 머무르고 있는 것을 보았습니다. 그는 말씀이 육신이 되어 우리 가운데 "거하셨다"(εσκηνωσεν, 에스케노센)고 외치고 있습니다. 그리고 그의 몸에서 퍼져 나오는 영광을 바라보았습니다. "우리가 그 영광을 보니." 그랬더니 그 영광은 너무나 찬란했습니다. 그는 그 영광을 "아버지의 독생자의 영광이요"라고 외칩니다. 로마 황제의 영광이 있고, 원로원 의원의 영광이 있습니다. 사도 바울은 해의 영광이 있고, 달의 영광이 있고, 별의 영광이 있다고 했습니다. 그런데 예수님께서 가지신 그 영광은 아버지의 독생자의 영광이었습니다. 그 영광은 하나님의 외아들이 가진 영광이었습니다. 영원 전에 출생하셨지만 그 기원을 알 수가 없고 또 아들이시면서도 아버지와 동등한 신분을 지니신 그분의 영광이었습니다. 그는 독생자 예수님이 가진 영광이 피조물의 영광이 아니라 하나님의 영광이라는 것을 강조하고 있는 것입니다. 또 그 영광은 은혜와 진리가 충만한 영광이라고 말합니다. "은혜와 진리가 충만하더라." 그분이 가진 영광 속에는 은혜와 진리가 가득 담겨 있다는 뜻입니다. 본래 충만하다는 말씀은 도랑이 가득 차서 넘치고, 되가 가득 차서 넘치는 그런 상태를 말합니다. 예수 그리스도 안에는 바로 하나님의 영광이 나타났는데 그 영광 안에는 은혜와 진리가 가득 차 사방으로 흘러나가 누구든지 그에게로 가기만 하면 진리와 은혜를 받을 수 있게 될 정도가 되었다는 뜻입니다.

"우리가 다 그의 충만한 데서 받으니 은혜 위에 은혜러라"(16). 예수 그리스도 안에는 은혜와 진리가 충만합니다. 그러므로 누구든지 그에게로 가기만 하면 은혜와 진리를 받을 수 있습니다. 은혜는 아무 자격 없는 사람에게 값없이 주시는 하나님의 자비의 선물입니다. 무조건으로 차별하지 않고 계산하지 않고 자신의 가장 소중한 것을 어떤 대가도 받지 않고 나누어주는 것이 은혜입니다. 은혜는 받은 사람만 압니다. 은혜 받은 사람은 그 은혜가 한량없는 은혜이고, 갚을 길 없는 은혜임을 압니다. 이 은혜를 받은 사람은 하나님의 사랑의 빚진 자로 살아갑니다. 자신의 가장 소중한 것을 값없이 드리고 값없이 나누어주는 헌신의 삶을 살게 됩니다.

또 예수님 안에는 "진리"($\alpha\lambda\eta\theta\epsilon\iota\alpha$, 알레테이아)도 충만합니다. 진리는 하나님께서 가르쳐주신 진실하고 정직하신 말씀입니다. 그런데 예수님만이 하나님의 진리를 전했습니다. 그분이 가르쳐주신 진리만이 하나님의 진리입니다. 이 진리는 사람들의 마음속에 있는 어두움을 물러가게 합니다. 자유를 가져다줍니다. "진리를 알지니 진리가 너희를 자유케 하리라"(요 8:32). 진리는 육체에게는 핍박을 가져다줍니다. 그러나 영혼에게는 해방을 가져다줍니다.

3. 은혜와 진리는 오직 예수 그리스도를 통해서만 받으실 수 있습니다

　이 은혜와 진리만이 사람들을 빛으로 인도합니다. 그들에게 생명을 가져다주고, 영생을 살게 만들어 줍니다. 그런데 이 은혜와 진리는 오직 예수 그리스도에게만 있습니다. 모세도 이 은혜와 진리는 가져다주지 못했습니다. 그는 단지 잠시 동안 육신만을 제어할 수 있는 율법을 가져다주었습니다. 율법을 통하여 모세는 사람들을 잠시 동안만 비추는 빛 가운데로, 잠시 동안만 살았다가 얼마 안 있어 시들어지는 생명 가운데로 인도할 수 있었습니다. 그러나 이 빛은 얼마 안 있어 다시 불이 꺼졌고, 사람들은 어둠에 빠져 마침내 죽음을 맞이하게 되었습니다. 왜 그렇습니까? 율법은 죄인들을 살리기 위해 주어진 것이 아니기 때문입니다. 그들이 지금 보다 더 나쁘게 되지 못하도록 억류하기 위하여 주어진 것입니다. 예수 그리스도만이 은혜와 진리를 가져다 줄 수 있습니다. 심지어 광야에서 회개를 외치던 세례 요한조차도 은혜와 진리를 가져다 줄 수 없었습니다. 그는 단지 자기를 바로 이어서 등장하시는 나사렛 예수님께서 사람들이 그토록 대망하던 은혜와 진리를 가져온다고 외치는 사람에 불과했다고 말합니다. 15절을 봅시다. "율법은 모세로 말미암아 주어진 것이요 은혜와 진리는 예수 그리스도로 말미암아 온 것이라."

4. 예수 그리스도만이 하나님을 알려주시는 유일한 분이십니다

하나님께서는 사람에게 빛과 생명을 가져다주는 은혜와 진리를 오직 예수 그리스도를 통해서만 주셨습니다. 그것들을 모세를 통해서도 요한을 통해서도 주지 않았습니다. 오직 예수 그리스도를 통해서만 주셨습니다. 은혜와 진리는 본래 누구의 것이었습니까? 하나님 아버지의 것이었습니다. 하나님 아버지는 누구십니까? 은혜와 진리로 충만하신 분이십니다. 하나님 아버지는 바로 자신의 은혜와 진리를 사람들에게 나누어주고 싶으셨습니다. 그래서 독생하신 예수님과 함께 은혜와 진리를 나누셨고, 그분을 통하여 우리 죄인들에게도 그 은혜와 진리를 나눔으로 빛과 생명을 주셨습니다. 다른 말로 하나님은 자신이 은혜와 진리의 하나님 되심을 예수 그리스도를 통하여 나타내셨습니다. 그러므로 예수 그리스도만이 하나님을 우리들에게 나타내신 분이십니다. 18절을 읽겠습니다.

"본래 하나님을 본 사람이 없으되 아버지 품속에 있는 독생하신 하나님이 나타내셨느니라."

"나타내셨느니라"(εξηγησατο, 엑세게사토)라는 동사를 주목해 보십시오. 우리말로 번역하면 "설명해 주셨다" 혹은 "해석해 주셨다"입니다. 예수 그리스도는 세상이 하나님을 알게 해주는 지식이 끊어졌을 때 이 세상에 오셨습니다. 세상 사람들이 하나님에 대하여 잘못 말하고, 잘못 해석하고 있을 때 이 세상에 오셔서 하나님을 바로 해석해 주셨습니다. 주님은 하나님은 은혜와 진리가 충만

하신 분이시라고 선포하셨습니다. 하나님은 예수 그리스도를 보내 주시기까지 진리를 수호하시는 분이시고, 또 예수 그리스도를 보내주시기까지 죄인들을 사랑하시는 분이시라고 말했습니다. 은혜와 진리의 하나님이 하나님의 참 모습이라고 외쳤습니다. 우리는 오직 예수 그리스도를 통하여서만 은혜와 진리를 맛볼 수 있고, 이 은혜와 진리를 받음으로 말미암아 영생을 살아갈 수 있습니다.

여러분도 은혜와 진리의 하나님과 교제하기를 원하십니까? 그렇다면 예수 그리스도에게로 나오십시오. 예수 그리스도만이 우리에게 하나님을 바로 설명해 주시고 해석해 주실 유일한 분이십니다. 다른 말로 하나님을 보여 주실 유일한 분이십니다. 우리가 예수님을 영접하고 그분에게로 나와 그분의 말씀을 듣고 그분과 교제하게 될 때, 우리 역시 은혜와 진리를 받을 수 있습니다. 그리고 영생을 누릴 수 있습니다.

모세와 그리스도

요한복음 1:17-18

오늘 말씀에 보면 사도 요한은 모세와 그리스도의 이름을 대조적으로 등장시킵니다. 그리고 그는 율법은 모세에게 연결시키고 은혜와 진리는 예수 그리스도와 연결을 시키고 있습니다.

"율법은 모세로 말미암아 주어진 것이요 은혜와 진리는 예수 그리스도로 말미암은 것이라"(17).

본래 율법과 복음의 문제는, 우리가 기독교 복음을 이해하기 위해서 반드시 알아야 아주 중요한 문제입니다. 미리 말씀을 드리면, 사도는 여기에서 모세가 가져온 율법과 예수 그리스도께서 가져오신 은혜와 진리, 즉 복음 중에서 어느 한쪽을 택하고자 하지 않는다는 것입니다. 하나님은 우리의 구원을 이루어 가시기 위해 모세와 그리스도, 율법과 복음을 다 사용하십니다. 하지만 우리가 꼭 기억해야 하는 것은, 그가 이것들을 사용하실 때 각각 다른 용도로 사용하신다는 것입니다. 이 문제를 좀 더 자세히 알아보기 위해서 저는 먼저 모세와 율법을 강조하는 구약과 예수 그리스도와 복음을 강조하는 신약의 관계에 대하여 생각해 보고자 합니다.

1. 구약과 신약의 공통점과 차이점

구약과 신약은 일관하는 공통점이 있습니다. 구약과 신약, 둘 다 하나님께서 죄에 빠진 인간을 구원하시는 방법에 대하여 다루고 있습니다. 바울은 디모데에게 보내는 편지에서 성경은 구원에 이르는 지혜를 가르치는 책이라고 말합니다. "또 어려서부터 네가 성경을 알았나니 성경은 능히 너로 하여금 그리스도 예수 안에 있는 믿음으로 말미암아 구원에 이르는 지혜가 있게 하느니라"(딤후 3:15). 좀 더 구체적으로 말씀을 드리면, 신구약 성경은 하나님께서 자기 백성을 어떻게 구원하시는지에 대하여 가르치고 있는 구원에 관한 책입니다. 그러므로 우리가 성경을 읽을 때 구원에 초점을 맞추고 읽어야 그 의미가 제대로 드러나는 것입니다.

구약은 현실적인 구원을, 신약은 영적인 구원을 강조하고 있습니다
그런데 집중하여 연구하는 자세로 성경을 읽어나가다 보면, 분명히 우리의 구원에 대하여서 구약과 신약은 조금 다르게 가르치고 있다는 인상을 받게 됩니다. 구약에서 말하는 구원은 대개 우리의 육체와 현실적인 삶에 관계된 현실적인 구원입니다. 믿음의 조상 아브라함의 생애를 살펴볼 때, 그가 예수님의 진리 때문에 누구한테 잡히고 풀려나는 일은 거의 나타나지 않습니다. 대개 그 자신의 실수나 혹은 주변 사람들의 괴롭힘으로 인하여 어려움에 처하는데, 그는 어려움에 처하게 될 때마다 하나님께 기도를 드립니다. 그리고 그때 하나님께서 나타나셔서 그를 구원해 주십니다. 이삭이나 야곱 그리고 요셉, 소위 족장들의 삶을 살펴볼 때 우리는 놀랍게도 그들이 경험하는 구원은 현실적인 구원들이었음을 발견할 수 있습니다.

출애굽기를 보십시오. 애굽에서의 이스라엘 백성들의 구원도 마찬가지입니다. 이스라엘 백성들은 애굽인들의 노예로 살고 있었습니다. 그런데 하나님께서 모세를 보내셔서 그들을 구출해 주셨습니다. 이적과 기사를 통하여 애굽을 초토화시키고, 그들을 추적해 오는 바로와 그의 군대를 물에 빠뜨려 죽게 하시면서 그 백성을 구출해 주셨습니다. 여기에서의 구원도 현실적인 구원입니다. 여호수아의 경우도 마찬가지입니다. 구원이란 뜻을 가진 여호수아에서도 하나님은 가나안 원주민들을 박멸케 하시면서 이스라엘을 구원합니다. 또 사사 시대의 구원도 마찬가지입니다. 하나님은 사사들을 통하여 풍전등화의 위기에 처한 이스라엘을 현실적인 압제에서 구원해 내십니다. 다윗의 경우도 마찬가지였습니다. 하나님은 다윗을 사울의 손과 인근 나라들의 침략으로부터 구원해 주셨습니다. 이처럼 구약의 구원은 대개 현실적인 문제들로부터의 구원이었습니다.

그런데 이러한 구약의 구원을 살펴보다가 신약의 구원을 바라보면 우리는 당황하게 됩니다. 신약에서는 구약에서 말하던 현실적인 문제로부터의 구원이 거의 나타나지 않기 때문입니다. 하지만 많은 사람들은 저의 의견에 반론을 제기할 것입니다. 왜냐하면 신약에서도 구약과 같이 현실적인 구원이 많이 나오기 때문입니다. 예수님 앞에 나왔던 사람들을 생각해 보십시오. 그들은 질병을 가졌거나, 귀신들렸거나 하는 등의 여러 가지 현실적인 어려움들을 가지고 주님 앞에 나와 도움을 간절히 부탁했고 주님은 이런 사람들을 치료해주고 도와주었습니다. 그렇기에 이 주장 또한 충분히 근거 있는 반론입니다.

하지만 우리가 예수님의 생애를 좀 더 면밀히 살펴볼 때, 예수님의 생애의 초기와 후기가 많이 달라지고 있음을 발견할 수 있습니다. 예수님의 초기 사역의 경우에는 현실적인 문제들로부터의 구원이 현저하게 많이 나타나고 있습니다. 그러나 예수님의 후기 사역의 경우에는 점점 예수님께서 전파하시는 구원의 영적인 측면이 부각되어 나타나고 있습니다. 예수님은 무리들의 현실적인 문제들을 해결해 주는 것이, 자신이 이 땅에 오신 본래의 목적이 아니라고 말씀하십니다. 자신이 세상에 오신 목적은 인간들을 죄와 죽음과 마귀의 권세로부터 구출하시어 그들이 진리 안에서 하나님과 관계를 맺으며 살아가는 삶, 소위 영생의 삶을 살아가게 하시는 것이라고 분명히 말씀합니다. 예수님은 이런 영적인 구원이 이루어지려면, 자신이 십자가에 못 박혀 돌아가시고 삼 일 만에 다시 살아나셔야 하신다고 말씀하셨습니다. 예수님은 구약에서 말하는 현실적인 구원과 다른 영적인 구원을 말씀하고 계시는 것입니다. 요약하면 구약에서의 구원이 현실적인 구원이었다면, 신약에서의 구원은 죄와 죽음과 마귀로부터의 구원과 같은 영적인 구원이었습니다.

바울 서신에서도 이 영적 구원이 더욱 강조되어 나타나고 있습니다. 바울 서신들을 읽어보십시오. 바울은 선교여행을 하면서 많은 어려움을 겪습니다. 그럴 때마다 하나님께서 옥문을 열어주시는 등의 기적을 통하여 그를 구원해 주신 것은 사실입니다. 물론 우리가 이런 기적적인 구원을 자세히 살펴보면, 대개 그가 전하는 복음을 위해서 일으켜주신 기적임을 알 수 있습니다. 그러나 그가 선교여행을 하면서 겪었던 여러 종류의 현실적인 고난을 마주쳤을 때, 하나님으로부터 도움을 받지 못하고 속수무책으로 당하는 바울의 모습을 우리는 보게 됩니다. 왜 이런 현상이 나타났을까요?

예수 그리스도의 부활로 구원의 새 시대가 시작된 이래로 현실적인 구원이 영적인 구원으로 바뀌어 가고 있었기 때문입니다. 이제 구원의 본론이 시작되었기 때문입니다. 구약에서의 현실적인 구원이 구원의 서론이었다면, 신약에서의 영적인 구원은 구원의 본론입니다. 죄인들이 복음의 말씀을 듣고 죄와 죽음과 마귀로부터 건짐을 받아 하나님과 연합되어서 그분의 진리의 말씀을 순종하면서 누리는 영생의 삶이 바로 영적인 구원입니다. 밤송이로 비유하자면 이 영적인 구원이 알맹이고, 현실적인 구원은 단지 껍질에 해당하는 것입니다.

그러나 이 지점에서 우리는 질문을 던질 수 있습니다. 그러면 "신약의 시대를 살아가는 우리들에게 구약은 중요하지 않은 것인가?"라고 말입니다. 신약의 구원이 알맹이라면, 껍질에 해당하는 구약은 없어도 되지 않느냐는 생각이 들 수 있습니다. 그러나 이런 생각은 잘못된 생각입니다. 밤송이에 있어서 껍질이 없으면 안 되듯이 구원에 있어서도 구약이 없으면 안 됩니다. 껍질이 알맹이를 보호하듯이 구약은 신약의 약속들을 보호하고 있습니다. 또 밤의 껍질을 보고 밤인 것을 알 수 있듯이 구약은 장차 나타날 참된 구원을 미리 알려주는 기능을 합니다. 핵심은 알맹이라도 껍질이 필요하듯이, 핵심은 신약의 영적인 구원이지만 구약의 현실적 구원 역시 필요합니다. 구약의 구원은 장차 나타날 영적 구원을 예시, 예언, 상징하고 있기 때문입니다. 우리는 구약과 신약의 이 관계를 초등교육과 고등교육에 비유할 수도 있습니다.

구약과 신약의 관계는 초등교육과 고등교육과의 관계입니다

구약은 초등교육입니다. 초등이라는 영어 단어는 "elementary"입니다. 희랍인들은 이 세계를 구성하는 기본 요소들을 말할 때 이 단어를 썼습니다. 희랍의 철학자들은 물, 불, 공기, 흙 등을 이 세계를 구성하는 기본 요소로 보았습니다. 초등교육은 바로 이것들을 공부하는 교육이었습니다. 물리학은 이런 기본적인 것들을 탐구하는 초등학문이었습니다. 그런데 이 초등교육의 단계를 넘어서면 신이나 자유, 영혼의 불멸과 같은 공부를 하는데, 그들은 이런 교육을 고등교육으로 보고 형이상학이라고 불렀습니다. 형이상학이라는 영어 단어는 "metaphysic"인데, 이 단어를 풀어보면 물리학(physic) 후의(meta) 학문(after physic)이라는 뜻입니다. 우리말로 형이상학(形而上學)으로 번역했는데, 형이상학은 눈에 보이지 않지만 인간이 살아가는 데 반드시 필요한 본질적인 문제들을 다루는 학문입니다. 희랍인들은 이 두 가지 중에 어느 한쪽을 폐기시키지 않았습니다. 도리어 초등교육과 고등교육으로 나누어서 공부했습니다. 이와 마찬가지로 구약과 신약은 초등교육과 고등교육의 관계입니다.

우리는 구약에서 우리의 현실적인 신앙생활에 있어서 반드시 필요한 진리들을 배웁니다. 구약은 우리가 현실의 삶에서 어려운 문제들에 부딪힐 때 어떻게 구원을 받을 수 있는지를 가르쳐줍니다. 구약의 하나님의 백성들은 여러 종류의 현실적인 어려움에 처할 때, 하나님 앞에 나아가 부르짖습니다. 그러면 하나님께서 그들을 기적적으로 구원해 주십니다. 다니엘의 세 친구들이 풀무불 속에 들어가고 다니엘은 사자 굴에 들어갑니다. 그때 그들은 금식하고 기도합니다. 그럴 때 하나님께서 그들을 구원해 주십니다. 구약을 보십시오. 이런 현실적인 곤경과 기도, 그리고 구원이 반복되어 나오고 있습니다.

우리가 신앙생활을 해 나갈 때, 이런 현실적인 문제에서 기도를 통하여 구원을 얻는다는 것을 기본적으로 알고 있어야 합니다. 이것은 우리가 진리를 배워 나가는 데 있어서 초등교육의 단계이기 때문입니다. 이런 신앙의 기본이 되는 현실의 문제로부터의 구원을 알고 경험하지 못한다면, 우리는 이보다 더 높은 신약의 영적인 구원을 배울 수 없습니다. 이는 기본 체력이 갖춰 있지 않은 사람에게 더 높은 수준의 기술을 전수 할 수 없는 것과 같기 때문입니다.

그런데 성도님들 중 어떤 분들은 이 부분에 대하여 오해를 합니다. 그리스도인이 이런 현실적인 구원을 바라는 것은 잘못된 신앙이고, 그것은 어리석은 민중들이 구하는 기복주의나 다를 바가 없다고 생각합니다. 우리는 기복주의와 신자가 어려운 상황에 처하게 될 때 하나님으로부터 이런 현실의 구원을 바라는 태도는 전혀 다른 것임을 분명히 알아야 합니다. 기복주의는 인격적 신의 존재를 믿지 않고 단지 자신이 생각하는 어떤 신적 대상에게 열심히 복을 구하면 그 사람이 누구인지, 혹은 어떻게 살든지 관계없이 복을 내려주신다는 생각입니다. 그러나 구약 백성들의 구원은 그렇지 않습니다. 그들은 그들이 섬기는 하나님이 아브라함과 이삭과 야곱이 섬기던 인격적인 하나님이심을 분명히 알았습니다. 또 천지만물을 지으신 전능하신 하나님이심을 분명히 믿었습니다. 그래서 그들은 그 자비하시고 전능하신 하나님 앞에 나아가 도움을 요청했고 구원을 받았습니다.

또 다른 잘못된 태도는 이런 현실적인 구원이 성경에서 말하는 구원의 더 고등한 차원이라고 생각하는 태도입니다. 이런 분들은 신약보다 구약을 더 높이 평가합니다. 이들은 신약의 영적인 구원은 초보적인 단계이고 도리어 구약에 나오는 구원이야말로 우리 그리스도인들이 이 땅에서 구해야 할 내용이라고 말합니다. 그래서 이들은 예수 믿고 영혼이 구원을 받는 것은 초보적인 단계이고, 이사야나 예레미야와 같은 예언자들이 외쳤던 바처럼 이 땅에 사회정의를 실현하는 것이야말로 구원의 고등한 차원이라고 생각합니다. 심지어는 이들은 신약조차 구약처럼 해석하여, 신약 역시 현실적인 구원에 대해서 말하고 있다고 주장합니다. 이들은 목회자들이 영적인 구원을 운운하는 것은 현실도피적인, 이원론적인 신앙생활을 낳는다고 호되게 질타합니다.

그러므로 우리는 구약과 신약의 관계를 올바로 정립해야 합니다
구약과 신약은 똑같이 하나님의 구원을 가르치고 있지만, 현실

적인 구원을 가르치는 구약은 초등단계이고, 영적인 구원을 가르치는 신약이 고등단계라는 사실을 분명히 숙지해야 합니다. 따라서 구약의 초등단계의 구원도 경험하지 못하는 사람이라면, 신약의 영적인 구원도 경험할 수 없습니다.

제가 분당두레교회에 부임한 후에 주로 구약을 설교하게 된 이유가 바로 여기에 있습니다. 저는 성도님들에게 구약의 구원을 가르침으로써 초등교육을 제대로 갖추게 한 후에, 그다음 신약으로 들어가 고등한 영적 구원을 가르치고 싶었습니다. 이제 저는 그때가 되었다고 생각이 들어서 영적인 구원을 가장 집약적으로 가르치고 있는 요한복음을 설교하게 된 것입니다. 우리는 이 요한복음을 통하여 예수님께서 이 땅에 주시고자 하시는 구원의 참된 의미가 영적인 구원이라는 것을 분명히 배울 수 있습니다.

예수님은 이스라엘 백성에게 하나님과 함께 하는 영생을 주시고자 했습니다. 그러나 무리들은 여전히 구약에서 신자들이 구하던 현실적인 구원만을 목말라 했습니다. 그런 배경에서 요한의 두 제자들은 예수님과 함께 있고 싶다는 간청을 드렸을 때, 예수님께서는 크게 기뻐하시고 그들과 함께 있어주시면서 영적인 구원을 보여주셨던 것입니다. 요한복음을 자세히 살펴보면 무리들은 아직도 여전히 구약적인, 즉 현실적인 문제로부터의 구원에만 목말라 있습니다. 그러나 예수님은 그 이상의 구원인 영적인 구원을, 즉 영생을 주시고자 하셨습니다. 그러면 왜 그들이 구원의 알맹이보다 껍질에 집착하게 되었을까요? 바로 그들이 서 있었던 전통 때문이었습니다. 전통은 영어로 "tradition"인데 이것은 넘겨주다라는 뜻을 가진 라틴어 동사 "*tradidere*"에서 파생한 명사입니다. 이전 세대 사람들이 다음 세대 사람들에게 넘겨준 사상이나 관습 혹은 제도 등을 전통이라 합니다. 예수님께서 오셨을 때 이스라엘 사람들은 그들이 가졌던 전통들 혹은 고정 관념에 완전히 사로잡혀 있었습니다. 그래서 예수님께서 오셔서 구원의 새로운 차원, 즉 영적인 구원을 아무리 말해주어도 알아듣지를 못했습니다.

2. 모세보다 뛰어나신 그리스도

유대인들은 무엇보다 모세 전통에 사로잡혀 있었습니다. 모세가 누구입니까? 이스라엘을 애굽에서 구출해 낸 사람입니다. 또한 시내산에서 하나님께로부터 율법을 받은 사람입니다. 유대인들은 그가 전해 준 이 율법이야말로 죄인들이 구원을 받을 수 있는 유일한 방법이라고 믿었습니다. 또 모세가 누구입니까? 자기 민족에게 율법을 가져다 준 사람입니다. 그들은 이 율법이야말로 가장 뛰어난 가치를 지닌 인류 최고의 신적 유산이라고 믿었습니다. 유대인들은 하나님께서는 모세가 전해 준 율법을 지키는 자들에게 그들의 현실적인 어려움들부터 구원해 주신다고 믿었습니다. 그들이 기다리던 메시야 역시 이 모세와의 약속을 실현하시기 위해서 오실 분이시지 다른 메시야가 아니라고 믿었습니다. 메시야는 모세가 말한 현실의 구원을 주시기 위해 오시지 영적인 구원을, 즉 죄와 죽음과 마귀로부터 구원을 주시러 오시는 메시야가 아니라고 믿었습니다. 이들은 자신들이 죄인이 아니라고 생각했고 마귀는 죄인들인 이방인들에게나 붙어 다니는 것이지 자기들같이 거룩한 사람들하고는 관계가 없다고 보았습니다. 그런데 예수님께서 오셔서 자신이 가져온 구원은 모세가 가져온 구원 그 이상이고 더 포괄적인 구원이라고 전하셨을 때, 그들은 예수님께서 전하는 이 차원 높은 영적인 구원을 믿으려 하지 않았습니다. 도리어 예수님을 배척했습니다. 나중에는 그를 십자가에 못 박혀 죽도록 이방인들의 손에 내어주었습니다.

바로 이런 배경에서 요 1:1-18이 등장한 것입니다. 특히 본문 말씀 17절을 주목해 보십시오. "율법은 모세로 말미암아 주어진 것이요 은혜와 진리는 예수 그리스도로 말미암아 온 것이라." 지금까지 제가 말씀드린 배경을 알아야 이 구절을 이해할 수 있습니다. 사도 요한은 모세를 통하여 주어진 것은 율법이라고 말합니다. 그는 율법은 그것을 지키는 자에게 현실의 구원을 가져다주었는데, 이런 점에서 율법도 자신의 영광을 가지고 있다고 말합니다. 그러나 예수님께서 가져온 구원은 율법의 영광과 비교할 수 없다고 말합니다. 율법은 지키는 자에게 현실적인 복을 가져다주지만, 복음은 영적인 복을 가져다준다고 말합니다. 요한은 하나님께서도 복음을 믿는 자들을 죄와 죽음과 마귀의 권세로부터 구원해 주시고, 하나님의 자녀가 되는 권세를 주시고, 영생을 선물로 주시며, 그리고 하나님과 교제하는 삶을 주신다고 말합니다. 사도 요한은 예수님의 입을 통하여 고등교육의 내용들이 말해지고 있다고 선언합니다. 이제 죄에 빠진 인간들이 그에게 나아가 그의 말씀을 듣고 영생을 얻는 새 시대가 도래 했다고 선포하고 있습니다. 그러므로 이제 모세 전통에서 율법을 통한 현실 구원의 틀을 깨고 나오라고 말합니다.

3. 결론

앞에서 말씀드렸듯이 우리 신자에게는 초등교육과 고등교육 둘 다 필요합니다. 우리는 구약을 통하여 현실의 구원을 주시는 하나님을 배워야 합니다. 그러나 여기에만 머물러 있으면 안 됩니다. 한 걸음 더 나아가야 합니다. 예수님께서 전해주시는 진리의 말씀을 듣고 영혼이 구원을 얻어 하나님과 교제하며 영생을 누려야 합니다. 그래야만 온전한 구원을 누릴 수 있습니다. 이생의 고통의 한 복판에서도 영혼의 기쁨으로 인하여 감사하고 찬송하며 살아갈 수 있습니다.

모세로부터 시작해서 그리스도에게로 나아가야 합니다. 모세가 가져온 율법을 통하여 현실의 구원을 경험하고 그리스도에게로 나아가서 그분의 복음의 말씀을 듣고 영적인 구원을 누려야 합니다. 결론적으로 우리는 모세와 그리스도를, 즉 구약과 신약을 모두 필요로 합니다. 순서적으로 보면 모세를 통하여 현실의 구원을 누린 다음, 예수 그리스도를 통하여 영적인 구원을 누리는 데로 나아가야 합니다. 이런 구원이 성경이 전하는 온전한 구원입니다.

무엇을 구하느냐

요한복음 1:19-42

1. 유명한 사람을 찾아가는 두 가지 이유

사람들이 어떤 유명한 사람을 찾아갈 때에는 대체로 크게 두 가지 이유에서 찾아갑니다. 먼저 경우는 그 사람에게 무엇인가를 요청하기 위해 찾아갑니다. 그와 함께 사진을 찍고 싶다든지, 자신들의 모임에 와 달라든지, 아니면 불우이웃을 돕는 데 협찬을 해 달라든지 등 그에게 무언가를 요청합니다. 다음 경우는 그 사람과 함께 있고 싶어서 오직 그 이유로 그를 찾아갑니다. 전자의 경우는 소유의 관계에서, 후자는 존재의 관계에서 그를 대하고 있다고 볼 수 있습니다. 그런데 전자의 경우로 서로 만나게 될 경우에는 서로의 관계가 어색하거나 틀어질 확률이 큽니다. 그러나 뒤의 경우로 서로 만나면 자기와 같은 사람을 알아주고 자기 같은 사람과 함께 있고 싶어 하니, 그 유명한 사람의 입장에서는 정말 기쁜 것입니다. 만약에 제가 유명해진다면 사람들은 위와 같은 두 가지 관점에서 저를 찾을 것입니다.

예수님께서도 공생애를 시작하신 후에, 지금까지 들어보지 못한 신적인 위엄을 가진 말씀을 선포하고 믿기 어려운 기적들을 행하시면서 점점 유명해지게 되었고 사람들이 예수님을 찾아오기 시작했습니다. 오늘 본문에 나오는 세례 요한의 두 제자도 마찬가지입니다.

2. 세례 요한의 제자들이 예수님께 찾아온 목적이 무엇이었을까요?

이 두 제자들은 세례 요한의 증거를 들었기 때문에 예수님에게로 나온 것입니다. 세례 요한은 누구입니까? 하나님의 계시가 중단되었던 400년 동안의 암흑시대를 끝내고 혜성처럼 나타나 이스라엘 백성들에게 회개를 외치고 있는 선지자입니다. 그는 요단강에서 사람들에게 세례를 베풀면서 이스라엘이 그토록 대망했던 메시야가 출현할 때가 가까이 왔으니 회개하고 세례를 받으라고 선포했습니다. 그의 메시지는 힘이 있었으므로 수많은 사람들이 그에게로 나아와 죄를 자백하고 그로부터 세례를 받았습니다. 하지만 그를 찾아온 군중들은 세례 요한이 단순히 선지자 정도를 넘어서서 혹시 구약에 약속된 그 메시야가 아닌가라는 생각까지 하게 되었습니다. 세례 요한은 이 군중들의 생각을 간파하고 자신이 누군지에 대하여 분명하게 알려줍니다. 1:19-34은 이 내용을 다루는 부분입니다.

세례 요한은 자신이 "그리스도가 아니라고"[20] 말합니다. 자신은 "선지자 이사야의 말과 같이 주의 길을 곧게 하라고 광야에서 외치는 자의 소리"(23)라고 말합니다. 바리새인들로부터 보냄을 받은 자들은 그에게 "네가 만일 그리스도도 아니요 엘리야도 아니요 그 선지자도 아닐진대 어찌하여 세례를 베푸느냐"(25)고 타박하듯이 묻습니다. 그때 세례 요한은 대답합니다.

"나는 물로 세례를 베풀거니와 너희 가운데 알지 못하는 한 사람이 섰으니 곧 내 뒤에 오시는 그이라 나는 그의 신발 끈도 풀기도 감당하지 못하겠노라"(26-27).

그 이튿날 세례 요한은 예수님께서 자신에게 나아오고 계심을 보았습니다. 그는 "보라 세상 죄를 지고 가는 하나님의 어린 양이로다"(29)라고 외칩니다. 그는 자신이 이전에 했던 말을 상기시킵니다. "내 뒤에 오는 사람이 있는데 나보다 앞선 것은 그가 나보다 먼저 계심이라 한 것이 이 사람을 가리킴이라"(30). 그는 자신이 와서 세례를 베푸는 목적은 바로 이 사람 예수님을 위해서라고 말합니다. "나도 그를 알지 못하였으나 내가 와서 물로 세례를 베푸는 것은 그를 이스라엘에게 나타내려 함이라"(31). 세례 요한은 자기 앞에 있는 사람들에게 성령이 비둘기 같이 머물러 있는 그 사람이 바로 메시야라고 하나님께서 자신에게 알려주셨다고 분명히 말합니다.

"요한이 또 증언하여 이르되 내가 보매 성령이 비둘기 같이 하늘로부터 내려와서 그의 위에 머물렀더라 나도 그를 알지 못하였으나 나를 보내어 물로 세례를 베풀라 하신 그이가 나에게 말씀하시되 성령이 내려서 누구 위에든지 머무는 것을 보거든 그가 곧 성령으로 세례를 베푸는 이인 줄 알라 하셨기에 내가 보고 그가 하나님의 아들이심을 증언하였노라 하니라"(30-34).

3. 예수님은 그들의 마음을 훤히 읽고 계셨습니다

세례 요한은 그다음 날에 자기 제자들 중 두 제자와 함께 서 있었습니다(35). 그때 그는 예수님께서 지나가시는 것을 보았습니다. 그는 그 즉시 "보라 하나님의 어린 양이로다"(36)라고 외쳤습니다. 두 제자는 세례 요한의 말을 듣고 예수님을 따랐습니다(37). 예수님께서는 돌이켜 그들이 자신을 따르는 것을 보았습니다. 그들은 예수님을 계속 따라다녔습니다. 예수님의 마음이 감동되실 정도로 따라다녔습니다. 그래서 먼저 말을 붙인 쪽은 예수님이십니다. "예수께서 돌이켜 그 따르는 것을 보시고"(38). 여기서 "보시고"는 그들의 마음을 "알아보시고"로 해석할 수 있습니다. 예수님은 그들에게 묻습니다. 이 물음은 물론 그들이 구하는 바를 이루어 주시기 위해서 묻는 물음입니다.

예수님은 그들에게 "무엇을 구하느냐"고 묻습니다. 이 물음은 궁금해서 물어보는 물음이 아닙니다. 예수님은 내가 지금 너희들이 무엇을 구하고 있는지를 알고 물어보니 말해보라고 하시는 것입니다. 사실 예수님은 공생애 동안 이런 제자들을 굉장히 기뻐하셨습니다. 왜냐하면 다른 많은 사람들은 예수님을 통하여 자신들의 소원을 성취하기 위해서 찾아 왔기 때문입니다. 사람들은 그에게 메시야 됨의 표적을 보여 달라고 무리하게 요구했습니다. "그러면 우리가 보고 당신을 믿도록 행하시는 표적이 무엇이니이까, 하는 일이 무엇이니이까"(요 6:30) 이런 무리한 요구를 하는 사람들은 어떤 사람들입니까? 바로 무리들입니다. 이들은 제자들이 아닙니다. 예수님을 늘 극성스럽게 쫓아다니지만 항상 예수님께 표적만을 구하는 사람들입니다. 그러나 지금 예수님을 찾아온 두 제자는 예수님께 무리들과는 전혀 다른 것을 원합니다. 무엇을 원합니까?

"랍비여 어디 계시옵니까?"(38). 두 제자는 예수님께 우리는 당신이 계신 곳을 보기를 원한다고 말하는 것입니다. 그들은 예수님이 행하시는 표적이 아니라 예수님 그분 자체를 보고자 했습니다. 그들은 예수님과 인격적인 사귐을 원합니다. 그분의 인격을 통하여, 그분의 말씀을 통하여 그분이 자신들이 기다려왔던 그 메시야인지를 알고 싶었고, 하나님과 인격적인 사귐을 갖고 싶었습니다. 사도 요한은 이 사귐에 대하여 다음과 같이 말합니다. "우리의 사귐은 아버지와 그의 아들 예수 그리스도와 더불어 누림이라"(요일 1:3). 두 제자가 바로 이런 사귐을 구했기 때문에 예수님께서는 그들을 기뻐하셨습니다. 그리고 그들에게 말씀하십니다. 39절을 봅시다.

"예수께서 이르시되 와서 보라 그러므로 그들이 가서 계신 데를 보고 그 날 함께 거하니 때가 열 시쯤 되었더라."

"와서 보라." "오라" 그리고 "보라"입니다. 여기서 "보라"는 것은 무엇을 뜻합니까? 알아보고 사귀어 보라입니다. 들어 보고 나누어 보고 경험해 보라입니다. 그러면 볼(알) 것이다 입니다. 대화를 통하여 교제함으로써 그를 알 것이라는 말씀입니다. 두 제자는 즉시 예수님께로 가서 함께 거합니다. "그러므로 그들이 가서 계신 데를 보고 그 날 함께 거하니 때가 열 시쯤 되었더라"(39). 그들은 즉시 그에게로 갔습니다. 그리고 예수님께서 머무시는 곳을 보았고, 그 날 종일 동안 그와 함께 거했습니다. 함께 거했다는 뜻은 영원한 신적인 사귐을 가졌다는 말씀입니다. 이 사귐은 먼저 예수님께서 하나님과 함께 가졌던 사귐입니다. "이 말씀이 하나님과 함께 계셨고 그가 태초에 하나님과 함께 거하셨고"(요 1:1-2). 예수님은 이런 사귐을 자신을 찾아온 두 제자와 가졌습니다. 그들은 하루 정도 그와 함께 머무르며 교제했습니다. 그러자 그들은 변화되었습니다. 그분이 육신을 입으시고 오신 하나님의 아들이심을 알아보게 되었습니다. 하나님의 말씀이 육신이 되어 자신들 가운데 거하심(요 1:14)을 알게 되었습니다.

이들이 어떻게 예수님께서 성육신 하신 하나님이심을 알게 되었습니까? 그와 함께 있음을 통해서입니다. 그들은 그와의 인격적인 사귐을 통하여 그의 제자가 됩니다. 우리가 어떻게 예수님의 제자가 될 수 있습니까? 제자훈련을 통해서입니까? 아니면 교회 일을 많이 하거나 여러 가지 계명들을 실천함을 통해서입니까? 아니면 특별한 계시를 받거나 특별한 체험을 통해서입니까? 아닙니다. 오직 예수님과 함께 있음을 통해서입니다. 그분의 몸인 이 교회 안으로 들어와서 그분의 말씀을 들으면서, 그분께 기도하고 찬송을 드리면서, 그리고 형제, 자매들과 교제하면서 그분의 제자로 되어 가는 것입니다.

여러분, 이 점은 오늘날 우리 교회 안에서 특별히 주의하여 실천할 점입니다. 오늘날 교회는 제자까지도 행위로 만들려고 합니다. 그러나 참 제자는 예수님과 함께 있음을 통해서만 되어질 될 수 있습니다. 우리 두레교회는 바로 함께 있음을 지향하는 교회입니다. 두레는 영어로 "together"로서 모든 것을 함께 공동으로 나눈다는 뜻입니다. 우리 교회는 생명의 나눔을 지향합니다. 그 생명의 나눔은 우리에게 풍성한 삶을 가져다줍니다. 그리고 그 풍성함이 넘칠 때 사랑이 넘치는 교회가 되는 것입니다. "무리의 교회"는 소유를 지향합니다. 그러나 "제자의 교회"는 존재를 지향합니다. 우리 교회가 하나님을 기쁘시게 하는 교회가 되려면 예수님과 함께 있는 교회가 되어야 합니다. 그럴 때 예수님의 생명이 우리 안에 넘쳐 나게 되는 것이고 그 생명의 능력으로 이 세상에 생명을 불어 넣을 수 있습니다. 더 나아가 예수님을 증거하는 교회가 되는 것입니다. 우리 교회가 지향하는 세계관 운동도 세계 비판 운동이 아니라 세계에 생명을 불어 넣는 생명 운동이 되어야 합니다.

4. 안드레는 그 형제 베드로에게 가서 예수님을 메시야라고 증거하고 그에게로 데려갑니다

"요한의 말을 듣고 예수를 따르는 두 사람 중의 하나는 시몬 베드로의 형제 안드레라 그가 먼저 자기의 형제 시몬을 찾아 말하되 우리가 메시야를 만났다 하고(메시야는 번역하면 그리스도라)"(40-41).

안드레는 그의 형제 베드로에게 예수님을 만났다고 전합니다. 그는 이제 예수님의 칭호를 랍비에서 메시야로 바꿉니다. 랍비는 훌륭한 율법 선생을 말합니다. 그러나 그는 예수님과 사귐을 가지며 그의 말씀을 들으면서, 이분은 바로 이스라엘 백성들이 그토록 간절히 기다리면 메시야 이심을 확신하게 된 것입니다. 그래서 그는 그의 형 시몬에게 담대하게 메시야를 만났다고 증거합니다. 얼마나 큰 확신을 가졌기에 이렇게 담대하게 말할 수 있습니까? 예수님과 함께 있는 시간은 그의 존재를 이토록 강력하게 변화시키는 사건이었습니다. 안드레는 예수님과 함께 있는 동안 그에게서 나오는 신적인 강력한 힘을 확인했습니다. 함께 있는 시간이 지나면서 자연스럽게 그는 예수님을 메시야로 고백하게 되었습니다.

그리고 안드레는 사도 베드로를 즉시 예수님께 데려갔습니다. 그는 단지 소개만 하는데 끝나지 않았습니다. 시몬을 데리고 예수님께로 갔습니다. 우리는 예수님을 증거하는 것만으로 끝나서는 안 됩니다. 증거를 통해 설복 당한 사람을 예수님께로 데려가야 합니다. 42절을 봅시다. "데리고 예수께로 오니." 예수님께서 그를 보았습니다. "예수님께서 그를 보시고 이르시되." 여기서 보셨다는 동사는 "엠블레포"($\epsilon\mu\beta\lambda\epsilon\pi\omega$)로서 주목하셨다는 말씀입니다. 신적 직관으로 그를 알게 되었다는 뜻입니다. 그래서 라틴어 불가타 역본에서는 이 뜻을 살려 "인투이투스"(intuitus), 즉 직관적으로 알게 되었다고 번역했습니다. 물론 여기서 직관은 하나님으로부터 나오는 직관입니다. 베드로의 과거와 현재와 미래를 다 보시는 직관입니다. 하나님께서 우리를 바라보실 때 바로 이렇게 우리의 과거와 현재와 미래를 꿰뚫어 보십니다. 그러면서 예수님께서 베드로에게 말씀하십니다.

"네가 요한의 아들 시몬이니 장차 게바라 하리라 하시니라(게바는 번역하면 베드로라)"(42).

예수님은 그의 이름부터 개명해 주셨습니다. 이름을 바꾸어주시는 것은 하나님께서 그를 새롭게 만들어주시겠다는 의지를 표현한 것입니다. 네가 지금은 요한의 아들 시몬에 불과하지만 장차 네 이름은 베드로가 될 것이고, 지금은 아무에게도 주목받지 않는 사람이지만 장차 많은 사람에게 주목을 받을 것이고, 지금은 작은 집의 반석이지만 장차 하나님의 교회의 반석이 될 것이라고 말합니다. 왜 지금은 아니고 장차입니까? 베드로는 그 사이에 많은 연단을 받아야 하고, 그 연단의 시간을 지나면서 드디어 반석 같은 신앙의 소유자가 될 것이며, 그리고 마침내 교회의 반석으로 쓰임 받을 것이기 때문입니다. 자기 집의 주춧돌도 못 세워 쩔쩔매는 시몬을 하나님의 교회를 세우는 사람으로 바꾸어 주시겠다는 말씀입니다.

5. 결론

무엇을 구하느냐? 만일 우리가 예수님께서 가지고 있는 소유를 구한다면 우리는 무리한 요구를 할 뿐입니다. 하지만 우리가 그분 자신을 원한다면 우리는 그분의 제자입니다. 요한의 두 제자는 요한의 설교를 통하여 예수님에 관하여 들었습니다. 그리고 예수님께로 나아갔습니다. 두 제자는 예수님께 자기들과 함께 있게 해달라고 요청했고, 그분과 함께 있었습니다. 그러자 그들은 예수님께서 메시야이심을 알게 되었습니다. 그 순간 그들은 예수님의 제자가 되었습니다. 그리고 그들은 그 즉시 예수님을 증거하기 시작했습니다.

여러분, 저와 여러분은 무엇을 구하십니까? 예수님과 함께 있기를 구합시다. 그래서 우리 모두가 예수님의 제자가 됩시다. 그분이 세상을 구원하실 메시야, 나의 운명을 바꾸어 놓으실 메시야이심을 체득합시다. 그리고 메시야이신 예수님을 온 세상에 증거합시다.

예수께서 내게로 왔네

요한복음 1:43-51

우리는 지난 장들에서 요한복음 서론(1:1-18)을 살펴보았고, 이어지는 요 1:19-42까지 말씀을 통하여 세례 요한이 자신이 누구인지에 대하여 묻는 사람들에게 대답하는 말과 그의 설교를 들었던 그의 제자들 중 두 제자가 예수님을 찾아와서 예수님에게 무엇을 구했는지에 대하여 살펴보았습니다. 그들은 예수님과 함께 있기를 원했고 예수님은 그들의 요구를 들어주셨습니다. 함께 있는 동안 시몬과 안드레는 요한의 제자에서 예수님의 제자로 그룹 변경을 합니다. 예수님은 시몬의 이름을 베드로라 바꿔주심으로써 그가 지금부터 시작되는 하나님 나라의 반석이 될 것을 알려주십니다. 사도 요한은 이제부터 본격적으로 예수님의 사역을 소개합니다.

우리는 예수님께서 본격적으로 등장하셔서 가장 먼저 하시는 일이 무엇인지 주목해 볼 필요가 있습니다. 예수님은 무슨 일부터 시작하셨습니까? 바로 제자를 삼는 일입니다. 공자(孔子)는 오십이 넘어서야 비로소 제자 양성을 시작하였고 대부분의 역사상 위대한 인물들도 그렇게 하는 것이 상례였지만, 예수님은 공생애가 시작되면서 바로 제자를 삼습니다. 이 점을 우리는 주목해 보아야 합니다. 예수님은 하나님의 나라의 흥망성쇠가 사람에게 달려 있음을 아신 것입니다. 아무리 좋은 하나님 나라라 할지라도 좋은 사람이 없으면 세워질 수 없습니다. 여러분, 아무리 좋은 이상을 품은 교회라 할지라도 좋은 사람들이 없으면 그 이상이 이루어질 수가 없습니다. 하나님 나라는 사람을 통하여 이루어진다는 사실을 아는 것은 대단히 중요합니다. 그래서 예수님께서는 의도적으로 먼저 제자를 삼는 일부터 시작하시는 것입니다. 예수님은 먼저 베드로와 안드레를 제자로 부르시고 이어서 빌립과 나다나엘을 제자로 부르십니다. 오늘 말씀은 빌립과 나다나엘을 부르는 장면을 기록하고 있습니다.

1. 빌립을 부르시는 예수님

43절을 봅시다. "이튿날 예수께서 갈릴리로 나가려 하시다가." 예수님께서는 다시 북쪽 갈릴리로 올라가시려 했습니다. 그런데 그리로 출발하면서 바로 빌립을 만나신 것입니다. 우리말 성경에는 "빌립을 만나"로만 되어 있는데, 원문은 "카이 호이리스케이 필립폰"(και ευρισκει φιλιππον)으로서 직역하면 "그러나 그가 필립을 발견한다"입니다. 이 문장 안에는 예수님께서 빌립을 보자마자, 그가 하나님 나라의 제자가 될 자임을 금방 알아채셨다는 뉘앙스가 들어있습니다. 그래서 발걸음을 멈추시고 즉시 그에게 "나를 따르라"라고 명령하십니다. 예수님은 왜 "빌립아, 나를 따라올래?"라고 그의 뜻을 타진하지 않으시고 단도직입적으로 "나를 따르라"라고 말씀하실까요? 그것은 공관복음 전체를 살펴볼 때, 하나님 나라에 들어갈 자에게는 철저한 순종을 요구하기 때문입니다. 생각해보고 따져보고 따르는 사람은 하나님 나라의 제자로 합당치 않습니다. 그래서 예수님은 그를 보고 나를 따르라고 말씀하시는 것입니다.

예수님께서 그렇게 말씀하신 또 한 가지 이유는, 예수님은 빌립이 그의 명령을 순종할 것을 이미 알고 계시기 때문입니다. 예수님은 그를 보시자마자 이미 아신 것입니다. 예수님께서는 빌립이 자신과의 만남을 대망하고 있음을 알고 있었습니다. 빌립은 자기 동네 친구들인 안드레와 베드로의 이야기를 듣고 이미 예수님께서 메시야이심을 직감하고 있었습니다. 그리고 내심 간절히 그의 제자가 되었으면 하는 바람이 있었습니다. 예수님께서는 빌립의 이 마음을 아셨습니다. "나를 따라오너라." 빌립은 즉시 따릅니다. 왜일까요? 그는 이미 따를 준비가 다 되어있기 때문입니다.

그런데 이어서 요한은 빌립의 고향이 어디인지를 소개합니다. "빌립은 안드레와 베드로와 한 동네 벳새다 사람이라"(44). 그는 벳새다 사람입니다. 얼마 전 예수님의 제자가 되었던 베드로와 안드레와 같은 고향 사람입니다. 예수님은 왜 벳새다 사람들을 집중적으로 그의 제자로 삼으시려 했을까요? 이 점은 참으로 궁금한 부분입니다. 다만 분명한 사실은 그들 모두가 보잘것없는 지역 출신들이라는 점입니다. 이는 무엇을 말합니까? 예수님의 제자가 되는 데는 출신 성분이 중요하지 않다는 점입니다. 지난 일이지만 한국 야구의 전설적인 감독인 김성근 감독은 〈고양 원더스〉라는 아마추어

야구팀을 맡아 무명의 선수들을 모아서 대 선수들을 만들려 했습니다. 예수님께서는 영원히 구원사의 외인으로 남아 있을 벳새다 사람들을 부르셔서 공포의 외인구단으로 만드시려고 하는 것입니다. 우리들 중 누구라도 예수님의 탁월한 제자가 될 수 있음을 의심하지 마십시오. 주 예수를 믿고 그를 따르기만 하면 누구라도 하나님 나라의 핵심 인물이 될 수 있습니다. 무슨 근거로 이렇게 말씀하시냐고 물을 수 있겠지요. 바로 예수님께서 탁월하시기 때문입니다. 아무리 이름 없는 벳새다 사람들이라 해도, 게다가 고기 잡는 어부들이라 해도, 예수님은 그들을 하나님 나라의 제자들로 만드실 수 있습니다.

2. 나다나엘을 부르시는 예수님

이제 즉시 빌립이 나다나엘에게 전도합니다. "빌립이 나다나엘을 찾아 이르되"(45). 예수님께서 자신을 찾듯이 이제 그가 나다나엘을 찾습니다. 그 속도가 아주 빠릅니다. 빌립은 자신의 구원의 감격을 누릴 시간도 갖지 않고 즉시 전도하러 나갑니다. 그가 지금 누구를 찾으러 나갑니까? 바로 나다나엘입니다. 빌립은 나다나엘을 누구보다 잘 압니다. 그는 나다나엘이 모세와 예언자들이 예언했던 메시야를 얼마나 간절히 기다리고 있는지를 잘 알고 있습니다. 그래서 그는 더욱 흥분하는 것입니다. 자신이 기다리고, 또 나다나엘이 그토록 기다렸던 그 메시야가 지금 출현했기 때문입니다.

그는 나다나엘에게 "이르되 모세가 율법에 기록하였고 여러 선지자가 기록한 그이를 우리가 만났으니 요셉의 아들 나사렛 예수시라"(45)라고 말합니다. 모세가 율법에 기록하였고 여러 선지자가 기록한 그이는 바로 자신들이 기다리던 메시야를 말합니다. 나다나엘은 이 말을 듣고, 특히 나사렛 예수라는 말에 기분이 상했습니다. 그래서 그는 즉시 "나사렛에서 무슨 선한 것이 날 수 있느냐"라고 반문했습니다. 성경 기록을 아무리 찾아보아도 메시야는 나사렛에서 난다고 되어있지 않기 때문에 나다나엘은 이렇게 말할 수밖에 없는 것입니다. 그는 예수님께서 예언대로 베들레헴에서 태어나셨지만 나사렛에서 자라나셨고, 그래서 나사렛 예수라는 칭호를 얻고 있음을 알지 못했습니다. 뿐만 아니라 나다나엘은 나사렛이란 도시를 규모나 영적 전통에 있어서 구세주가 절대로 태어날 수 없는 곳으로 단정하고 있었습니다. 성경에 대하여 불확실한 지식 그리고 일반적으로 가지는 편견이 그로 하여금 "요셉의 아들 나사렛 예수"가 바로 메시야라는 사실을 받아들이지 못하게 하고 있습니다.

오늘날도 마찬가지입니다. 성경에 대한 불확실한 지식과 일반적인 편견으로 인하여 나사렛 예수가 세상의 구주가 되심을 믿지 않으려 하는 사람들이 많습니다. 특히 이런 사람들 중에는 종교적, 정치적, 경제적, 사회적, 그리고 문화적 기득권을 가진 사람들이 많습니다. 그러나 우리는 항상 생각해야 합니다. 나사렛과 같은 정말 이름 없는 촌락에서 태어난 사람들, 또한 그로 인하여 사회적 약자가 되어 불이익을 당하는 사람들, 이런 사람들에게는 나사렛에서 구주가 태어나셨다는 것이 얼마나 큰 소망이 될 수 있는지를 말입니다. 우리로 구원받지 못하고 하나님 나라로 들어오지 못하게 막는 무서운 적은 우리 안에 있는 무지와 편견입니다. 이런 무지와 편견의 수건을 벗어 던지고 진리 그 자체를 살피고 귀를 기울일 때, 우리는 진리에 접근할 수 있고 하나님 나라에 들어갈 수 있으며 영생을 얻을 수 있습니다.

오늘날도 "기독교에서 무슨 선한 것이 나겠느냐"고 말하는 사람들이 있습니다. "분당두레교회에서 무슨 선한 것이 나겠느냐"고 말하는 사람들이 있습니다. "시골 출신, 자유주의의 본 고장 독일에서 공부한 사람, 정치적으로는 가진 자 편에 섰던 마틴 루터를 공부한 사람에게 무슨 선한 것이 나오겠느냐"고 말하는 사람들이 있습니다. 답을 말씀드릴 수 있습니다. 선한 것이 나올 수 있습니다. 그렇게 말하는 사람들이 있으면 분명히 말씀하십시오. "와서 보라"(46). "와서 들어 보라," "와서 알아 보라," "와서 대화해 보라," "와서 공부해 보라"입니다. 그러면 기독교가 무엇이고, 분당두레교회가 어떤 교회이고, 김 목사가 어떤 사람이고, 우리 교인들이 어떤 교인들인지를 알 수 있을 것입니다.

3. 예수께로 오는 나다나엘

나다나엘은 못마땅하면서도 친구 빌립에게 끌림을 당해 예수께로 오고 있었습니다. 예수님께서는 나다나엘이 자기에게로 오는 것을 보았습니다. 그리고 말씀하십니다.

"보라 이는 참으로 이스라엘 사람이라 그 속에 간사한 것이 없도다"(47).

"보라"라는 감탄사에는 큰 놀라움이 나타나 있습니다. 예수님께서는 그를 보고 상당히 놀라신 것입니다. "아니 이렇게 악한 시대에 이런 순수한 사람이 있을 수 있다니!" 예수님은 충격을 받고 놀라는 것입니다. "알레토스 이스라엘리테스"(αληθως ισραηλιτης)라는 희랍어는 "참된 이스라엘 사람이라"로 번역할 수 있는데, 영적으로 할례를 받은 참된 이스라엘 사람이라는 말씀입니다. 오직 하나님 때문에, 진리 때문에, 백성들의 구원 때문에 메시야를 기다리고 있는 참된 이스라엘 사람이라는 말씀입니다. 예수님은 나다나엘과 정반대의 이스라엘 사람들을 생각하고 이렇게 말씀하시는 것입니다. 저들은 형식적인, 육신적인 할례를 자랑하는 거짓 이스라엘 사람들, 진리 그 자체보다 그들에게 주어지는 물질적인 복들을, 하나님보다 자신들을, 그리고 진리보다 조상들의 유전을 중요시하는 사람들이라는 것입니다. 결정적인 차이점은 그들의 마음속에는 간사함이 있지만, 나다나엘의 마음속에는 간사함(δολος, 돌로스)이 없다는 것입니다. 영어 NIV 역본에서는 "nothing false"로 번역했는데, 우리말로 "거짓된 것이 전혀 없다"입니다. 나다나엘의 마음속에는 간사함과 거짓됨이 전혀 없었습니다.

나다나엘이 예수님께 말합니다. "어떻게 나를 아시나이까?"(48). 그는 자신이 어떤 마음을 품고 있었는지, 자신이 어떤 사람이고 어떤 생각을 하고 있는지 어떻게 아셨느냐고 묻습니다. 그때 예수님께서 말씀하십니다. "빌립이 너를 부르기 전에 네가 무화과나무 아래 있을 때에 보았노라." 예수님께서는 그가 무화과나무 아래서 얼마나 고민하고, 얼마나 메시야를 생각하고, 얼마나 백성들의 구원을 생각하고 있었는지 이미 알고 계셨다고 말씀하고 계시는 것입니다. 이스라엘 사람들에게 무화과나무는 평화를 상징하며, 그들은 인생의 진지한 문제를 그 나무 아래에서 생각했다고 합니다. 바로 그 무화과나무 밑에서 그가 얼마나 메시야를 대망하며 고독한 시간을 가졌는지에 대하여 예수님께서 알고 계셨다는 사실에 그는 충격을 받은 것입니다.

여러분, 우리는 예수님을 어떻게 생각하고 있습니까? 그분은 나의 속을 알고 나의 과거를 알며, 나의 현재를 알고 나의 미래를 아시는 분이십니다. 나의 상념의 시간, 고독의 시간, 방황의 시간, 구원의 시간을 아시는 분이십니다. 그래서 우리가 그를 찾아가야 하지만 우리의 능력으로는 그에게로 갈 수가 없습니다. 그렇기에 먼저 예수님께서 우리에게로 찾아오시는 것입니다. 예수님은 이런 나다나엘을 찾으러 지금 오신 것입니다. 나다나엘이 예수님을 찾아간 것이 아니라, 예수께서 나다나엘에게 오신 것입니다. 마찬가지로 예수님께서 우리에게도 오신 것입니다. 그리고 그가 오시면 우리는 그의 사람이 되고 그에게로부터 빠져나갈 수 없습니다. 우리의 지난날을 생각해 보십시오. 인생의 무거운 짐을 지고 방황하고 헤맬 때 주님께서 우리에게 오셨습니다. "내가 살구나무 밑에서, 감나무 밑에서..." 나의 인생의 고통을 가지고 고민하며 하나님을 생각할 때 그분이 나를 찾아온 것입니다. 그리고 지금까지 나는 그의 품을 빠져나갈 수 없습니다. 황홀한 예수 감옥에서 생활하고 있는 것입니다.

시인들도 이와 비슷한 말을 하곤 합니다. 그들이 시를 잡는 것이 아니라 시가 그들에게로 왔다고 말합니다. 그리고 시가 그들에게로 오면 그들은 시를 빠져나갈 수 없다고 말합니다. 파블로 네루다라는 칠레의 민중 시인은 그의 유명한 〈시〉라는 시에서 이 점을 다음과 같이 묘사하고 있습니다.

"그러니까 그 나이였어 … 시가 나를 찾아왔어.
몰라, 그게 어디서 왔는지,
모르겠어, 개울에서인지 강에서인지,
언제 어떻게 왔는지 모르겠어,
아냐 그것은 목소리가 아니었고, 말도 아니었으며, 침묵도 아니었어.
하여간 어떤 길거리에서 나를 부르더군,
밤의 가지에서 갑자기 다른 것들로부터 격렬한 불 속에서 불렀어.
또는 혼자 돌아오는데 말야, 그렇게 얼굴 없이 있는 나를
그건 건드리더군.
…
그리고 이 미소한 존재는
그 큰 별들 총총한 허공에 취해,
신비의 모습에 취해,
나 자신이 그 심연의 일부임을 느꼈고,
별들과 더불어 굴렀으며 내 심장은 바람에 풀렸어."

섬진강의 시인 김용택 씨는 네루다의 이 시를 다음과 같이 논평합니다. "그래, 그랬어. 스무 살 무렵이었지. 나는 날마다 저문 들길

에 서서 무엇인가를 기다렸어. 강물이 흐르고, 비가 오고, 눈이 오고, 바람이 불었지. 외로웠다니까, 그러던 어느 날 시가 내게로 왔어. 저 깊은 산속에서 누가 날 불렀다니까. 오! 환한 목소리, 내 발등을 밝혀주던 그 환한 목소리, 시였어."

시가 먼저 파울로 네루다에게 그리고 김용택 씨에게 찾아 온 것입니다. 그들은 그 시의 축복의 세례를 받으며 시의 사람이 되었으며 시를 위해 사는 사람들이 되었고 이제는 시로부터 빠져나올 수 없다고 말하고 있는 것입니다. 유명한 정 트리오의 첼리스트 정명화 씨의 인터뷰 기사가 기억납니다. 어머니가 "네게는 첼로가 딱 맞는 악기겠어"라고 말씀하시며 첼로를 안겨주셨는데, 나중에 뒤돌아보니 그 첼로가 자기에게 가장 적합한 악기였다고 술회했습니다. 그러면서 덧붙이는 말이 있습니다. "내가 첼로를 잡은 것이 아니라 첼로가 내게로 왔다."

우리가 예수님이 필요해서 그분에게 가서 그분을 잡은 것이 아닙니다. 예수님께서 먼저 우리를 찾아와서 우리에게 구원을 베풀어주셨습니다. 그 결과 우리는 이제 그의 사람들이 되었으며 그 없이 살 수 없는 사람들이 되었고, 아무리 그분 없이 살려고 해도 그럴 수가 없습니다. 그래서 '예수 믿고 내가 뭐하며 지냈지?'라고 스스로에게 물으며 지난날을 기억해보면 우리들 대부분이 비슷한 내용을 가지고 있을 것입니다. 여러분, 예수 믿고 나서 뭐하셨습니까? 성경 읽고, 기도하고, 예배드리러 가고, 오늘도 교회 가고, 이번 주도 교회 가고, 올해도 교회 가고… 교회 생각을 떨치고 살려고 해도 떨치지를 못하고 온통 예수에 붙잡혀 살아온 세월들입니다. 예수님은 누구십니까? "무화과나무 밑에서 고민하던 나다나엘과 같이" 신음하며 고민하던 내게로 오셔서 자신의 모든 것을 내어주시고 그리고 나서는 내 모든 것을 가져가신 분이십니다. 내가 예수께로 간 것이 아니라 예수께서 먼저 내게로 오셨습니다.

동터오는 새벽

혼인집의 위기
잔치하는 성전
신탁(信託)을 거절하신 예수
밤에 찾아 온 손님

혼인집의 위기

요한복음 2:1-11

　　몇 년 전 KBS 2TV 주말 연속극 〈오작교 형제들〉에서 보았던 한 장면이 떠오릅니다. 주인공의 가족의 큰 아들이 결혼하는 날이었는데, 신랑과 신부가 갑자기 실종되었습니다. 신랑 신부 둘 다 직업이 기자들이다 보니, 급히 취재할 특종이 생겨 부득이 결혼식장을 빠져나가야만 했던 것입니다. 이 두 사람이 없어진 상황에서 예식장은 갑자기 아수라장으로 변했습니다. 실제로 우리 현실에서 이런 상황이 일어나는 것은 매우 드문 일입니다. 그러나 만약에 결혼식을 앞두고 신랑과 신부가 사라진다면 혼인집은 위기에 빠질 것입니다.

　　신랑과 신부가 사라지지는 않았다 하더라도, 혼인집에서 가장 중요한 포도주가 떨어진다면 혼인집은 위기를 당할 것입니다. 본래 혼인예식에서는 축하객들이 포도주를 마시고 흥이 나야 혼인이 잔치가 되는 것입니다. 그런데 갑자기 포도주가 다 떨어져서 더 이상 내놓을 수 없다고 한다면 잔치는 이미 끝난 것이나 다름이 없고 혼인집의 즐거운 분위기는 이미 사라진 것이나 다름이 없는 것입니다. 요즈음 같으면 이런 일은 거의 일어나지 않습니다. 그러나 예수님께서 사실 때의 갈릴리 지방은 가난한 사람들이 많았으므로, 축하객들이 예상했던 것보다 조금이라도 더 오면 큰 일이 발생할 수 있었습니다. 준비한 포도주들이 동이 나는 순간에 혼인잔치는 종을 치기 때문이었습니다. 그래서 이런 일들을 한 번이라도 당해 본 사람들이었다면, 그들이 아무리 포도주를 마셔도 포도주가 떨어지지 않아 잔치가 계속되는 그런 날이 왔으면 하는 소원을 가져 보았을 것입니다. 예수님은 바로 이 사실을 알고 있었던 것입니다. 그래서 예수님은 혼인집으로 가셨던 것입니다. 포도주가 떨어지지 않는 혼인잔치가 되도록 하여 혼인잔치가 기쁨의 잔치가 되도록 그리로 가신 것입니다. 1절과 2절을 읽어봅시다.

"사흘째 되던 날 갈릴리 가나에 혼례가 있어 예수의 어머니도 거기 계시고 예수와 그의 제자들도 혼례에 청함을 받았더니."

1. 포도주가 떨어졌습니다

3절을 봅시다. "포도주가 떨어진지라"는 희랍어로 "카이 휘스테레산토스"(και υστερησαντος)입니다. 여기서 '카이'(kai)는 '그리고'보다는 '그러나'로 번역하여 "그러나 포도주가 떨어졌다. 부족하다"로 번역하는 것이 더 좋습니다. 혼인잔치가 무르익어 가고 있을 때 혼인잔치의 핵심인 포도주가 동이 나게 된 것입니다. 이 상황을 맞이한 양가 부모님들은 얼마나 당황했겠습니까? 모든 것이 다 준비되고 혼인집의 분위기는 절정에 달했는데 갑자기 포도주가 떨어졌습니다. 얼마나 당황스러웠겠습니까?

여러분, 혹시 이런 상황을 맞이해 본 경험이 있습니까? 제가 어릴 때 살던 시골에서는 이동 영화관이 있었습니다. 그 당시에는 대도시 외에는 영화관이 없었습니다. 그런데 일부 영화종사자들이, 도시에서 여러 번 사용하여 필름이 닳아져 끊길락 말락 할 때, 그 필름을 저렴한 값에 구입해서 시골의 여러 마을들을 돌면서 영사기를 돌려 영화를 상영하였습니다. 그런데 필름이 하도 오래되다 보니 그것이 낡아서 영화를 돌리다 자주 끊어지곤 했습니다. 끊어지면 영화를 보러 간 사람들은 한참 동안 불이 꺼진 상태에서 기다립니다. 그러면 그 사이에 영사기사들은 필름을 이어서 다시 영사기를 돌립니다. 그런데 문제는 영화가 절정에 도달했을 때에 이런 문제들이 터진다는 것입니다. 갑자기 화면이 사라지고, 잠시 정적이 흐를 때 누군가가 화가 나서 외칩니다. "돈 내 놓으라!"라고 말입니다. 필름을 돌리는 사람은 심한 욕을 얻어먹고 애를 써서 필름을 이은 후에 영화를 마칩니다.

우리가 사는 지금의 시대는 이전과는 비교할 수 없을 정도로, 인간이 땅에서 누릴 수 있는 최상의 잔치를 누릴 모든 조건을 갖추어 놓고 즐기는 시대라고 말할 수 있습니다. 오늘날 우리는 경제적으로 어느 정도만 살아도 문명의 이기를 마음껏 누릴 수 있는 시대에 살아가고 있습니다. 이처럼 내 생의 최고의 잔치를 누릴 수 있는 모든 것이 준비되었고 그래서 어느 정도 누리기도 하지만, 문제는 잔치의 절정에 들어갔을 때에, 기쁨이 최고점을 향하여 나아가고 있을 때에, 혼인집의 위기와 같은 위기가 찾아온다는 것입니다. 학문은 우리 인간에게 큰 기쁨을 선사합니다. 그러나 영원히 신선하고 감동을 줄 것만 같았던 학문이 어느 순간 더 이상의 기쁨을 주지 못합니다. 과학 기술도 마찬가지입니다. 과학 기술이 무한정 발전하여 우리를 별나라로 데려다 줄 것 같지만, 그러나 어느 순간 더 이상 새로운 것을 제공하지 못할 날이 옵니다. 문학이나 예술도 마찬가지입니다. 우리의 취미 활동도 마찬가지입니다. "그러나 포도주가 떨어진지라." 모든 것을 다 갖추어 놓았는데, 그러나 "즐길 힘이 모자란지라." 여러분과 제가 천년만년 해로하겠다고 말했지만, "그러나 당신이 내 곁에서 없어진지라"라고 말하는 때가 온다는 것입니다.

여러분 자세히 살펴보십시오. 심한 허무와 우울에 시달리다가 인생을 하직하는 분들을 보면, 힘들게 살아갈 때가 아니라 모든 것이 갖추어졌을 때입니다. 내가 전혀 예상치 못했던 곳에서 잔치 분위기를 한순간에 집어삼키는 문제들이 터집니다. 갑자기 혼인집에 포도주가 떨어지듯이, 내 인생도 갑자기 가장 중요한 문제들이 터져 나의 기쁨을 집어삼킵니다. 그러나 두려워하지 마십시오. 갑자기 닥쳐온 시련을 극복할 방법은 분명히 있습니다. 그 방법을 찾고 한 단계씩 밟아 나가면 결국 우리는 위기를 극복하고 도리어 더 좋은 혼인잔치의 기쁨을 누릴 수 있습니다. 오늘 말씀을 봅시다.

2. 예수님의 어머니, 마리아의 대처법

"예수의 어머니가 예수에게 이르되 저들에게 포도주가 없다 하니"(3).

오늘 말씀에서 이 위기 상황을 타개할 실마리를 찾은 사람은 예수님의 어머니 마리아였습니다. 마리아는 이 혼인집의 친척으로 초대를 받은 것 같습니다. 그래서 포도주가 떨어졌다는 소식을 가장 먼저 접했던 것입니다. 그런데 마리아는 그 순간 즉시 예수님을 떠올렸습니다. 예수님께 말씀을 드리면 예수님께서 이 문제를 해결해 줄 것이라는 믿음을 가졌기 때문입니다. 포도주가 없다는 희랍어로 "오이논 우크 에쿠신"(οινον ουκ εχουσιν)인데, 원문대로 직역하면 "그들은 포도주를 단 한 방울도 가지고 있지 않다"입니다. 단 한 방울의 여분도 없이 포도주가 다 떨어진 것입니다. 이 말은 곧 혼인집이 위기에 처했다는 뜻입니다. 마리아는 이 위기 상황을 예수님께 알려 드리고 그 상황을 바꿀 수 있는 분은 당신밖에 없다고 말하고 있는 것입니다. 그런데 오늘 말씀의 전개를 볼 때, 예수님께서는 "어머니 걱정 마십시오. 제가 왜 여기 왔겠어요. 물로 포도주를 만들어주기 위해서 아닙니까?"라고 말씀하셨어야 했을 것입니다. 그런데 예수님께서 무엇이라고 말씀하십니까?

3. 예수님의 대답

"예수께서 이르시되 여자여 나와 무슨 상관이 있나이까, 내 때가 아직 이르지 아니하였나이다"(4).

예수님은 "여자여, 나와 당신이 무슨 상관이 있습니까?"라고 말씀하십니다. 예수님께서 왜 어머니에게 이렇게 말씀하십니까? 예수님은 지금 이곳에 마리아의 아들로 와 있는 것이 아니라는 것을 알리고자 하시는 것입니다. 예수님은 지금 하나님의 아들로서 하나님의 일을 행하기 위해서 이곳에 와 계십니다. 그는 마리아의 아들이 아니라 하나님의 아들입니다. 그러므로 하나님 아버지의 명령에 의해서만 움직이시는 분이십니다. 그런데 하나님께서 아직 물로 포도주를 만들라고 명령하시지 않았습니다. 그래서 예수님은 "내 때가 아직 이르지 아니하였나이다"라고 말씀하십니다.

헬라어로 "우포 에케이 헤 호라 무"(ουπω ηκει η ωρα μου)인데, 이 문장에서 "우포"(ουπω), 즉 "아직 아니"라는 부정 부사가 강조되어 있습니다. 주님은 당신의 때가 아직 이르지 않았다는 사실을 강조합니다. 주님은 하나님 아버지께서 정해주신 때에 따라, 하나님의 시간표에 따라서만 행동하십니다. 그리고 바로 이점이 예수님께서 하나님의 아들이시라는 사실을 증거하고 있는 것입니다. 피조물은 자기 마음대로 때를 조절하면서 살 수 없습니다. 오직 하나님만이 자신의 때를 마음대로 정하시면서 사실 수 있습니다. 요한복음에서는 "호라"(ωρα, 때, Time)라는 단어가 여러 번 나옵니다. 예수님은 하나님의 아들로서 하나님의 시간표에 따라 모든 일을 행하시는 분이십니다.

4. 마리아는 하인들에게 예수님께서 시키는 대로 하라고 명령합니다

"그의 어머니가 하인들에게 이르되 너희에게 무슨 말씀을 하시든지 그대로 하라 하니라"(5).

예수님께서 이렇게 딱 잘라 말씀하셨어도 마리아는 물러서지 않습니다. 다만 하인들에게 말합니다. "그가 너희들에게 무슨 말을 하시더라도 너희들은 그대로 행하라." 이 말을 볼 때 우리는 마리아가 이미 예수님을 하나님의 아들로 믿고 있다고 추측할 수 있습니다. 마리아는 그분이 성령으로 잉태된 하나님의 아들이심을 믿고 있었고, 전지전능하신 하나님으로 알고 있었습니다. 그래서 그녀는 그분은 원하시기만 하시면, 무엇이든지 행할 수 있다고 믿었던 것입니다.

여러분, 저와 여러분 주위에 혹은 친척이나 가족 중에 이런 믿음을 가지고 나를 도와주는 사람들이 있다면 여러분은 참으로 복을 받은 사람입니다. 세상에 많은 사람들이 있지만 내 인생의 위기에서 나를 예수님께로 인도해주는 분이 진정으로 나를 도와주는 사람입니다. 여러분, 저와 여러분은 혼인집의 위기와 같은 위기를 맞고 있는 내 주변의 사람들을 예수님께로 모셔옵시다. 그리고 "예수님께서 무엇을 하라고 하시든 그대로 하라"고 말합시다. 예수님은 무엇이든 내 이름으로 구하는 것을 들어주겠다고 약속하셨습니다.

5. 예수님은 하인들에게 항아리에 물을 채우라고 명령하십니다

"거기에 유대인의 정결 예식을 따라 두세 통 드는 돌 항아리 여섯이 놓였는지라"(6).

예수님께서는 어머니의 말대로 하겠다는 말씀을 하시지 않습니다. 왜 그렇습니까? 그분은 사람의 몸을 입고 있지만 하나님이시기 때문입니다. 이제 예수님께서는 그녀의 요청을 들어주시기 시작합니다. "거기에 유대인의 정결 예식을 따라 두세 통 드는 돌 항아리 여섯이 놓였는지라." 예수님은 거기에 돌 항아리가 여섯 개 놓여 있는 것을 보십니다. 무엇 때문에 이 항아리들이 놓여 있었습니까? 유대인의 정결 예식 때문이었습니다. 유대인들은 어느 집으로 들어갈 때 먼저 항아리에 담긴 물을 퍼서 손과 발을 씻었습니다. 유대인들의 정결법에 그렇게 하도록 정해졌었기 때문입니다. 그런데 지금 이 항아리들에는 물이 한 방울도 남아 있지 않습니다. 다 퍼서 사용했기 때문입니다. 이 항아리들에 예수님께서는 물을 채우라고 명령하십니다.

"예수께서 그들에게 이르시되 항아리에 물을 채우라 하신즉 아귀까지 채우니"(7).

예수님께서 그 종들에게 항아리에 물을 채우라고 명령하십니다. 그런데 이 종들은 항아리에 물을 아귀까지 채웁니다. 예수님께서 아귀까지 채우라고 말씀하시지 않으셨지만 그들은 이 분이 말씀하시면 기적이 일어날 것이라는 믿음을 가졌기에 그렇게 했던 것입니다. 본문에는 이 종들은 누군지 그 정체가 분명히 나타나 있지 않습니다. 마치 그들은 연속극의 무명의 출연진 같은 사람들입니다. 그러나 그들이 예수님의 말씀대로 순종하자 물이 포도주로 변하는 기적이 일어나게 됩니다.

우리들은 교회에서 무슨 일을 할 때, 목회자와 같은 직분자들이 명령하니까 무조건 순종하는 경우가 있습니다. 그렇게 해서 찬양대에서 봉사하고, 부엌에서 봉사하고, 주일학교에서 봉사하고, 혹은 안내를 하거나 전도를 하곤 합니다. 그러나 우리가 순종할 때, 주님은 우리의 순종을 헛되게 하시지 않습니다. 주님은 우리의 작은 순종을 통하여 혼인집의 위기를 극복해 주십니다. 여러분, 우리 교회가 날마다 잔치하는 교회가 되기를 원하십니까? 그렇다면 여러분들이 맡은 일들이 아무리 눈에 띄지 않는 작은 일이라 할지라도 믿음으로 충성하십시오. 그러한 순종의 작은 행위들이 모여서 결국은 혼인집의 위기를 극복하게 만들 것입니다.

6. 예수님은 그 물로 만든 포도주를 연회장에게 갖다 주라고 말씀하십니다

"이제는 떠서 연회장에게 갖다 주라 하시매 갖다 주었더니"(8).

원문에서는 "그리고 그가 그들에게 말씀하신다"라고 되어 있습니다. 우리말에는 이 부분이 빠져 있습니다. 하지만 모든 기적은 그분이 말씀하실 때 일어난다는 사실을 강조하는 부분이므로 빼서는 안 됩니다. "이제는 뜨라." 여기 "이제는"은 구원 역사의 현재를 나타낼 때 쓰는 부사입니다. 이제는 구원이 일어나는 때라는 말씀입니다. 주님의 말씀을 믿고 순종하였습니까? 이제는 뜨십시오. 이제는 물을 뜰 때입니다. 그리고 연회장에게 갖다 줄 때입니다. 그 종들은 주님의 말씀에 그대로 순종했습니다. 하지만 그들이 그 물을 축하객들에게 갖다 줄 때까지도 그들은 물이 포도주로 변한 사실을 몰랐습니다. 그들은 알아보려고 하지 않았습니다. 그리고 그들은 보지 않은 채 그 말씀대로 순종했습니다. 참된 순종이 어떤 순종이 되어야 할지에 대한 교훈을 주고 있습니다.

7. 하인들은 물이 포도주로 변한 비밀을 알았습니다

"연회장은 물로 된 포도주를 맛보고도 어디서 났는지 알지 못하되 물 떠 온 하인들은 알더라"(9).

연회장은 물로 된 포도주를 맛보자마자 그 기막힌 향기와 맛에 감탄했습니다. 그런데 그 포도주가 어디서 온 포도주인지 알지 못했습니다. 그러나 물 떠온 하인들은 알았습니다. 그 포도주의 원산지는 바로 천국입니다. 연회장은 난생처음 천국 산 포도주를 맛보게 된 것입니다. 우리 인생이 예수님에게 가면 뭐가 달라집니까? 예수님은 겨우 떨어진 포도주를 다시 채워주는 정도로만 우리를 대하지 않으십니다. 지금까지 나의 인생에서 전혀 마셔 보지 못했던 새 포도주를 마시게 하십니다. 새로운 평화, 새로운 기쁨, 새로운 자유, 새로운 삶을 누리게 하십니다. 아무리 누려도 고갈되지 않는 그런 기쁨을 누리게 하십니다. 세상에는 아무리 좋은 것이라 하더라도 어느 정도 쓰고 나면 처음의 기쁨이 사라져 버립니다. 새 것으로 대체해도 얼마 동안만 유지될 뿐, 그 기쁨이 곧 사라집니다. 그러나 예수님께서 주시는 천국 복음을 들으면 천국 포도주를 마심과 같이 영원토록 기쁨이 넘치는 것입니다.

8. 연회장의 칭찬

"연회장이 신랑을 불러 말하되 사람마다 먼저 좋은 포도주를 내고 취한 후에 낮은 것을 내거늘 그대는 지금까지 좋은 포도주를 두었도다 하니라"(9-10).

주님은 복음을 믿는 자에게 갈수록 더 좋은 것을 주시는 분이십니다. 세상이 말하는 복음은 처음에는 가장 좋은 것을 줍니다. 그러나 갈수록 시원찮아집니다. 유명 작가들도 그들의 작품들 중에서 대체로 데뷔작이 가장 좋습니다. 뒤로 갈수록 맛이 떨어집니다. 그러나 예수님을 믿고 그 말씀에 순종하는 자들은 갈수록 예수 안에 있는 더 깊은 맛을 느낍니다. 그 말씀의 오묘함에 심취합니다. 갈수록 신앙의 세계가 신비스러워집니다. 들을수록 말씀이 꿀송이처럼 더 달게 느껴집니다.

예수님께서 말씀하시는 처음에 내어 놓은 질 낮은 포도주는 유대인들에게 주어진 율법을 가리킵니다. 율법의 말씀은 사람들에게 처음에는 기쁨을 줍니다. 그러나 갈수록 기쁨이 감소됩니다. 사람들의 육체의 때는 씻어낼 수 있어도 마음의 때는 씻어낼 수 없습니다. 육신의 죄를 제어할 수는 있지만 그 죄를 없애지는 못합니다. 율법에 순종할 때 잠시 동안의 기쁨은 있지만 그 기쁨은 말 그대로 잠시 동안만 계속됩니다. 그러나 예수님께서 만들어 주신 복음의 포도주는 갈수록 더 향이 나고, 갈수록 더 맛이 좋아지고, 마셔도 마셔도 고갈되지 않고, 인간의 죄를 속에서부터 제거해주고, 기쁨을 주되 갈수록 배가되게 해줍니다. 여러분, 예수님을 만나고 은혜를 받아 보십시오. 그 말씀을 듣고 읽을 때 누리는 기쁨은 말로 다 할 수 없습니다. 이런 기쁨을 누려 보았던 어떤 분은 다음과 같이 노래했습니다.

"주 내 맘에 오신 후에, 주 날 인도하시니, 주께 맡긴 나의 생애 더욱 섬길수록 더 귀한 주님, 더욱 사랑할수록 주 날 사랑해, 매일 내 맘에 기쁨이 넘치네. 더욱 섬길수록 더 귀한 주님."

예수님은 모세보다 뛰어난 분이십니다. 예수님이 가져온 복음은 모세가 가져온 율법보다 더 뛰어난 것입니다. 예수님을 영접하고 복음을 믿으십시오. 그러면 여러분의 인생에 닥친 혼인집의 위기를 극복할 수 있습니다. 더 나아가 아무리 마셔도 고갈되지 않는 생수를 마시게 됩니다. 여러분 안에 감사와 기쁨이 쉼 없이 솟아납니다.

"예수께서 이 첫 표적을 갈릴리 가나에서 행하여 그의 영광을 나타내시매 제자들이 그를 믿으니라"(11).

9. 결론

예수님께서 갈릴리 가나의 혼인잔치집으로 가셨습니다. 예수님은 다른 여러 곳들을 다 제쳐두고 왜 가장 먼저 혼인집으로 갔을까요? 거기에서도 제자를 삼기 위해서였을까요? 아니면 다른 목적이 있었을까요? 예수님께서 제자들을 데리고 먼저 혼인집으로 가셨다는 사실은, 분명히 제자들에게 깨우쳐 주시고자 하시는 의도가 있을 것입니다.

앞에서 살펴보았던 바처럼, 예수님은 그들에게 천국이 어떤 나라인지에 대하여 가르쳐 주고 싶었기 때문입니다. 천국은 어떤 곳입니까? 잔치하는 곳입니다. 아담의 죄 때문에 우리가 천국잔치에 참여하는 것이 단절되었습니다. 예수님께서 이 땅에 오신 목적은 바로 천국잔치를 회복하기 위함이셨습니다. 천국에 수많은 죄인들을 초청하여 포도주를 마시면서 잔치하고자 함이었습니다. 오늘도 예수님은 우리를 천국잔치에 초대하십니다. 예수님을 믿는 자는 누구든지 이 천국잔치에 참여할 수 있습니다.

잔치하는 성전

요한복음 2:12-22

여러분 혹시 유럽을 방문하면서 성전이란 곳에서 잔치를 하고 있는 장면을 보신 적이 있습니까? 만일 보셨다면 희귀한 일을 보신 것입니다. 왜냐하면 '성전'이란 명사와 '잔치하는'이라는 형용사는 어울리지 않는 단어의 배열이기 때문입니다. 성전하면 떠오르는 이미지가 무엇입니까? 큰 석조 건물, 거룩하고 엄숙한 곳, 조용함과 질서와 신비로움이 감도는 곳 아닐까요? 여기에 비해 잔치는 술이 떠오릅니다. 흥이 떠오릅니다. 그리고 춤과 노래가 떠오릅니다. 소란합니다. 그렇기에 성전과 잔치는 어울리지 않습니다.

그러나 우리 신자들에게는 놀랍게도 성전에서도 잔치할 수 있다는 생각이 들어와 있습니다. 교회에서 부흥사경회를 할 때 무슨 잔치라고 말합니까? 바로 "말씀잔치"라고 말합니다. 그리고 어린이 성경학교를 할 때 무슨 잔치라고 말하죠? "천국잔치"라는 표현을 씁니다. 그리고 부흥회든 성경학교든 대체로 잔치하는 분위기입니다. 교회가 은혜를 받고 성령 충만하면 잔치하는 교회가 될 수 있다는 생각을 보여주는 예들입니다. 그러면 어떻게 하여 이런 잔치하는 성전이 가능하게 될까요? 우리가 믿는 예수님 안에서만 가능합니다.

1. 예수님께서는 성전을 잔치하는 성전으로 만들기 위해서 오셨습니다

예수님께서 이 땅에 오신 목적은 성전의 본래적 존재 목적을 회복하기 위해서입니다. 예수님께서 이 땅에 오셨을 때의 성전은 본래의 목적을 상실하고 있었기 때문입니다. 하나님이 계신 성전이 되어야 하는데, 하나님이 계시지 않는 성전이 되어 있었습니다. 잔치하는 성전이 되어야 하는데 잔치 없는 성전이 되어 있었습니다. 그래서 예수님께서 "이 성전을 헐라"라고 말씀하시는 것은 잔치해야 할 성전이 잔치를 못하고 있으니 헐어져야 한다는 뜻입니다. "내가 사흘 동안에 다시 세우겠다"라고 말씀하시는 것은 내가 다시 잔치하는 성전이 되게 만들겠다는 뜻입니다.

우리는 오늘 말씀이 어떤 말씀에 이어서 나오는지를 주목해 보아야 합니다. 오늘 말씀은 지난번에 다루었던 가나의 혼인잔치가 열린 후에 바로 이어서 기록되어 있습니다. 실제로 예수님께서 혼인잔치가 일어난 후 곧바로 성전으로 갔다고 볼 수 없습니다. 왜냐하면 다른 세 복음서는 예수님의 성전청결 사건을 그들의 기록의 마지막 부분에 배치하고 있기 때문입니다. 그러므로 요한은 사건의 시간적 순서보다는 논리적 순서에 주목하고 있다고 볼 수 있습니다. 그는 혼인집에서 기적을 일으킨 후에 곧바로 성전청결 사건을 다룸으로써 천국과 성전과의 관계를 설명하고자 하는 것입니다.

가나의 혼인잔치 사건을 살펴봄으로 우리는 천국은 바로 혼인잔치하는 곳이라고 말씀을 드렸습니다. 그렇다면 성전은 무엇을 하는 곳이어야 하는가? 바로 천국이 혼인잔치하는 곳임을 선포하여 사람들로 이 진리를 믿게 하여 이 땅에서도 믿음과 소망 안에서 천국잔치에 참여하도록 하는 곳이 되어야 합니다. 성전은 한마디로 천국잔치를 여는 곳이 되어야 한다는 것입니다. 그런데 예수님께서 방문해서 살펴본 예루살렘 성전은 잔치 분위기는 전혀 없는 곳이었고, 기본적으로 있어야 할 경건조차 없었습니다. 예수님께서 보았던 성전은 시장 같은 곳이었습니다. 그래서 예수님께서 격분하신 것이고 이 성전을 헐라고 말씀하신 것입니다. 그러면 무엇이 이 성전을 이처럼 잔치 없는 성전으로 바꾸어 놓았을까요?

2. 잔치 없는 성전이 된 이유

이 성전에는 네 가지 반드시 없어져야 할 것들이 있었고, 또 반드시 있어야 할 네 가지가 없었습니다. 반드시 없어져야 할 것들이 무엇입니까?

첫째, 사이비 성직자들입니다. 이들이 성전을 망가뜨린 주범들입니다. 이들은 진리의 말씀에는 관심이 없고 오직 돈과 인기, 그리고 자신의 영광만 좇는 타락한 성직자들입니다. 이들은 기본적으로 예수님이 누구신지도 모르고, 예수님에 대하여 전하는 것에는 관심이 없으며, 오직 기복주의나 공로주의를 통한 복과 저주를 선포하는 자들입니다.

둘째, 이 성전에 모여든 신도들입니다. 이들 역시 진리의 말씀보다 다른 부차적인 것들에 더 많은 관심을 가지는 사람들입니다. 이들의 신앙의 동기는 신에게 무엇을 바치고 그에게 소원을 빌고 복 받는 것입니다. 이들은 성전에 모이는 것이 습관이 된 사람들이고, 진리에 대한 어떠한 열정도 사모도 없고, 시간이 되면 참여할 뿐 그것으로 끝이고, 성전의 외형적 영광을 누림으로써 자신도 그런 영광을 누리고 있다는 착각을 하고 있는 사람들입니다. 그리고 성전을 통해 얻는 부수적 문화적 유익에도 관심을 가진 사람들입니다.

셋째로 이 성전에는 장사를 해서 돈을 벌고 있는 사람들도 있었습니다. 이들은 제사드리는 자들에게 환전을 해주어서 이익을 챙기는 사람들이었습니다. 본래 유대인은 성전세를 내어야 하는데 명절이 되어서 성전에 모일 때 지불하는 것이 관행이 되어 있었습니다. 그런데 이 성전세는 반드시 돈으로 바꾸어 내야 하기 때문에 성전에 온 자들은 성전에 와서 환전하는 사람들에게 가축을 주고 돈을 바꾸는 행위들을 하였고 환전해주는 사람들은 여기에 따르는 이익을 챙겼습니다. 역사가들의 기록에 따르면, 한 해에 들어오는 성전세가 7만 5천 파운드였고, 환전소에서 챙기는 돈이 9천 파운드였다고 합니다. 성전담당자들이 이 성전세로 얼마나 부자가 되었든지, 로마 장군 크라수스가 AD 54년에 예루살렘을 점령했을 때, 예루살렘 성전 안에서 2백 5십만 파운드를 발견하고 그 돈을 챙겼다고 합니다.

넷째로 이 성전에는 가축 떼들로 가득 차 있었습니다. 사람들이 모여 있어야 할 성전 뜰에 가축 떼들이 우글거리고 있었습니다. 오직 세상 탐욕이 가득 찬 사람들이 모여 예배를 드리고 있다면 가축 떼가 모여 있는 것과 무엇이 다릅니까?

예수님께서 "이 성전을 헐라"고 말씀하실 때, 이 성전의 모습은 바로 없어져야 할 네 가지가 있었던 성전이었습니다. 반대로 이 성전 안에는 반드시 있어야 할 네 가지가 없었습니다. 첫째로 참된 성직자가 없었습니다. 하나님이 누구신지를 알고 하나님의 나라에 관심을 가지고 그의 아들 예수 그리스도의 공적을 선포하여 하나님을 믿게 하도록 하기 위해 전심전력하는 그런 성직자들이 없었습니다. 돈과 부, 자신의 인기와 명예에는 전혀 관심이 없는 그런 성직자들이 없었습니다.

둘째로 하나님의 말씀이 없었습니다. 하나님의 말씀은 은혜와 진리의 말씀, 복된 말씀, 영혼을 움직이는 영의 말씀, 영원하고 본질적인 것을 붙잡도록 하는 말씀입니다. 그런데 이 성전 안에는 그런 말씀이 없었습니다.

셋째로 이 성전 안에는 은혜도 성령의 역사도 없었습니다. 진리의 말씀이 없으니 은혜가 임할 수 없었고, 성령의 역사도 없습니다. 그래서 은혜 안에서 서로 섬기는 공동체가 될 수 없었습니다. 사람들 눈치만 보고 하나님을 섬기는 흉내만 내는 율법적 눈치 보기 신앙을 하는 사람들이 될 수밖에 없었던 것입니다.

넷째로 그러므로 이 성전 안에는 잔치가 없었습니다. 잔치가 있었다 하더라도, 육의 탐욕을 채우기 위한 잔치만 있었지 진리 안에서 영과 마음에 감흥이 일어나 노래하고 춤추는 그런 잔치가 없었습니다. 성전으로 갈 때는 잔치집에 가는 기분으로 가고, 성전에서 돌아올 때는 잔치집에 갔다 오는 것 같은 기분으로 돌아오는 그런 신앙생활이 이루어지지 않았던 것입니다.

이 네 가지가 없었으므로 예루살렘 성전은 하나님이 거하시기에 합당한 성전이 될 수 없었습니다. 그래서 예수님께서 "이 성전을 헐라"고 말씀하셨고, 새로운 성전이 지어져야 한다고 말씀하셨습니다. 바로 이런 맥락에서 19절에서 예수님은 자신이 오신 목적이 무엇인지를 말씀하고 있습니다. 자신이 왜 이 세상에 오셨는가? 바로 잔치가 없는 성전을 잔치가 있는 성전으로 바꾸기 위해서 오셨다는 것입니다. 그렇다면 옛날의 성전이 어떻게 헐어질 수 있는가? 자신이 죽어야 헐어진다는 것입니다. 어떻게 잔치하는 새 성전이 세워질 수 있는가? 자신이 부활해야 세워진다는 것입니다.

3. 예수님의 십자가와 부활을 통해서만 잔치하는 성전이 될 수 있습니다

성전이 왜 이렇게 타락하게 되었습니까? 예수님은 이 문제의 근본 원인을 무엇으로 보십니까? 예수님은 인간 안에 있는 원죄(原罪) 때문이라고 진단하셨습니다. 성전을 지을 때 썩은 돌을 가지고 지어서 성전이 타락하는 것도, 썩은 나무를 가지고 지어서 성전 안이 냄새가 나는 것이 아니라는 것입니다. 성직자들이나 신도들 안에 있는 탐욕과 명예욕과 물질에 대한 욕망 등의 죄 때문에 성전이 타락하게 된다는 것입니다.

그러므로 성전을 타락시키는 원인은 건물이 아니라, 그런 건물을 세워서 자신들의 죄를 숨기고 자신들의 영광을 드러내려는 죄성, 그런 성전에 출입함으로써 모든 죄를 덮으려는 인간의 악한 죄성 때문입니다. 공교롭게도 예수님께서 보셨던 성전은 헤롯 대왕이 세운 헤롯 성전이었습니다. 헤롯은 이두매인으로서 유대인의 왕이 될 자격이 없었던 사람입니다. 그는 자신의 일천(日淺)한 신분을 덮고 유대인의 환심을 사기 위해 성전을 건축하였습니다. 이 성전은 그가 46년 동안이나 걸쳐서 세운 성전이었는데, 유대 역사가 요세푸스도 탄복할 정도로 아름다운 성전이었습니다. 하지만 이처럼 아름다운 예루살렘 성전은 바로 헤롯이 자신의 죄를 덮고 영광을 과시하기 위해서 지은 성전이었습니다.

그러므로 예수님께서 "이 성전을 헐라"라고 말씀하실 때, 근본적으로는 눈에 보이는 건물을 두고 하는 말씀이 아닙니다. 바로 이 건물을 짓고 죄의 문제를 덮으려는 인간의 죄성을 두고 하신 말씀입니다. 이를 통해서 예수님은 진짜 없어져야 할 것은 인간 안에 있는 죄라는 사실을 알리고자 하시는 것입니다. 그래야만 그런 엄청난 돈을 들여서 건물을 짓지 않기 때문입니다. 그러면 어떻게 죄가 없어질 수 있나요? 예수님은 이 말씀을 통하여 자신이 죄를 없애기 위해 오신 메시야이심을 간접적으로 알리고 그의 십자가의 죽음의 필요성을 암시하고 있는 것입니다.

어떻게 하면 성전이 정결한 성전, 잔치하는 성전이 될 수 있을까요? 사람들의 마음이 청결케 되어야 합니다. 마음이 청결케 되지 않는 한 성전의 보이는 곳이 아무리 깨끗해도 청결한 성전이 될 수 없습니다. 그렇기에 예수님께서는 마음을 청결하게 하기 위해서 부활하신 것입니다. 부활을 통하여 우리는 이 세상을 벗어납니다.

하늘로 올라가서 하늘에서 새로운 세상을 봅니다. 그러므로 이 세상에 매여 있지 않고 영원한 세상에 매여 있게 됩니다. 이생에 매여 있지 않고 영생에 매여 살게 됩니다. 바로 이런 부활의 영을 주시기 위해서 예수님께서 부활하셨습니다.

우리는 생각해야 합니다. 예수님께서 "이 성전을 헐라 내가 사흘 동안에 일으키리라"는 말씀을 하셨을 때 예수님의 의도는 옛날의 건물을 헐고 새로운 건물을 짓는다는 의미로 하신 말씀이 아닙니다. 예수님께서 오신 목적은, 인간 안에 있는 죄의 문제를 해결해 주시고, 인간 안에 없는 새로운 영을 주시고자 오셨다는 것을 말하고자 하신 것입니다. 바로 이 일이 그에게는 성전을 헐고 새로 짓는 일입니다. 예수님은 그의 죽음과 부활을 통해서만 진정한 성전이 지어질 수 있음을 알리고자 하신 것입니다.

그러므로 예수님께서는 오늘 말씀을 통해서 예수님 자신이 성전이시라는 놀라운 진리를 계시하시는 것입니다. 이 진리를 계시하심으로써 죄인들이 참 성전에 올 수 있는 참된 길을 알려주고 있는 것입니다. 누구든지 당신에게 와서 당신의 진리의 말씀을 믿고 그 진리로 세례를 받을 때, 참된 신앙인이 되고 참된 신앙인이 모인 그곳이 바로 참된 성전이라는 진리를 가르치고자 하시는 것입니다.

그러므로 진정으로 무너져야 할 것은 건물 그 자체가 아닙니다. 사이비 성직자들의 사이비 가르침입니다. 그리고 그러한 사이비 지도자들의 교설을 따르는 사이비 신도들입니다. 사이비적 교설은 인간 안에 있는 원죄를 없애지 못합니다. 또한 새 영을 줄 수도 없고 새 마음도 갖게 할 수 없습니다. 그러므로 참된 믿음을 갖게 하지 못합니다. 참된 믿음이 없는 곳에는 참된 사랑도 없습니다. 참된 사랑이 없는 곳에는 참된 잔치도 없습니다.

여러분, 예수님의 말씀은 진리이십니다. 예수님은 진리의 성전을 짓고자 하십니다. 성전 안에는 반드시 진리의 말씀이 있어야 합니다. 진리의 말씀을 전하는 목회자들이 있어야 합니다. 그리고 말씀을 사모하는 백성이 있어야 합니다. 그리고 말씀을 살아 움직이게 하는 성령이 역동적으로 역사하셔야 합니다. 그럴 때 교인들의 마음에는 기쁨이 생기고 모일 때마다 기대가 되고, 헤어질 때마다 다시 만날 날을 기다려지는 소위 잔치하는 교회가 되는 것입니다.

4. 결론

이 시간 저와 여러분들이 함께 예수님께서 하신 말씀 앞에서 우리 자신을 돌아보는 시간을 가져봅시다. 과연 우리는 예수님을 알고 있는가? 그분을 참으로 영접하였는가? 그분을 참으로 신뢰하고 있는가? 그분의 말씀만이 참된 진리의 말씀이라고 믿는가? 그분 안에서만 우리가 하나님을 만날 수 있다고 믿는가? 그분 안에서만 참된 인간으로 변화될 수 있다고 믿는가? 그분 안에서만 참된 희망, 참된 사랑이 있을 수 있다고 믿는가? 그분 안에서만 참된 기쁨, 참된 교제가 이루어질 수 있음을 믿는가? 그분만이 참된 성전임을 믿는가? 그분 안에서만 잔치하는 신앙생활이 될 수 있다고 믿는가? 그분의 은혜 없이는 참다운 것은 아무것도 가질 수 없다고 믿는가? 이러한 질문들이 바로 우리 자신들이 생각해 보아야 할 사항들입니다.

　우리가 진정으로 헐어야 할 성전은 자기중심적으로 하나님을 믿는, 소위 "자기 성전"입니다. 이것은 죄의 성전입니다. 진정으로 세워져야 할 성전은 예수중심적으로 하나님을 믿는 "예수 성전"입니다. 이 예수 성전이 세워질 때 비로소 잔치하는 성전이 될 수 있습니다. 그리고 덤으로 우리에게도 잔치하는 인생이 펼쳐집니다. 자신의 죽음과 부활을 통하여 우리에게 영원한 진리의 성전이 되어주신 예수님을 믿고 그분 안으로 들어가서 그분의 진리 안에서 교제하여 이런 잔치 인생을 누리시는 저와 여러분 되시기를 주의 이름으로 축원 드립니다.

신탁(信託)을 거절하신 예수

요한복음 2:23-25

신탁이란 믿을 신(信)에 부탁할 탁(託)자로 이루어진 단어로서 '신용하여 위탁함'이라는 뜻입니다. 돈을 신탁을 할 경우 남에게 일정한 목적에 따라 재산의 관리와 처분을 맡기는 일을 말합니다. 투자 신탁, 신탁 회사, 신탁 은행 등을 들어보셨을 것입니다. 신탁통치 반대 운동에 대하여서도 들어보셨을 것입니다. 신탁통치란 국제연합이 어떤 나라의 통치를 위임받아 그 나라의 문제에 관여하여 그 나라가 바로 서 가도록 돕는 것을 말합니다. 우리나라도 역시 해방 이후에 신탁통치를 하려 했을 때, 반탁 운동이 일어나고 이를 계기로 반탁 운동을 주도하던 여러 우국지사들이 죽임을 당했다는 사실을 기억하고 계실 것입니다.

신탁이 성립하려면 무엇보다 믿고 맡기는 상대방에 대한 신뢰가 있어야 합니다. 믿지 못하는데 어떻게 자신을 맡기겠습니까? 우리가 예수님을 믿는다는 것은 그에게 우리 자신을 신탁하는 것을 말합니다. "당신은 전지전능하시고, 나는 무지하고 부족합니다. 그러므로 저의 모든 문제를 당신에게 맡길테니 저를 맡아서 통치해 주십시오"라고 간청 드리는 것이 신탁입니다. 그럴 때 우리가 신에게 우리 자신을 신탁한다는 말은 성립됩니다. 그런데 거꾸로는 성립될 수 없습니다. 예수님께서 우리에게 자신을 신탁하실 수는 없습니다. 우리가 아무리 그를 믿어드려도 그분은 자신을 우리에게 결코 신탁할 수 없습니다. 왜 그렇습니까? 그분이 우리를 믿을 수 없기 때문입니다. 예수님께서는 우리가 어떤 존재이고 우리 안에 있는 모든 것들을 아시기 때문입니다. 우리는 그분에게 우리 자신을 신탁할 수 있지만 그분은 우리에게 자신을 신탁하지 않습니다. 왜 그러실까요? 여기에서도 인간 안에 있는 죄가 문제입니다. 좀 더 구체적인 이유를 오늘 본문을 보면서 살펴보도록 합시다.

1. 유월절 명절에 예루살렘에 올라가서 표적을 행하신 예수님

예수님은 유월절 명절에 예루살렘에 올라가셨습니다. 유월절을 지키기 위해서였을 것입니다. 그런데 거기에서 예수님은 사람들이 보는 데서 여러 가지 표적들을 행하셨습니다. 그 표적들은 메시야임을 입증하는 증거들이었습니다. 요한은 예수님께서 구체적으로 거기에서 행하셨던 기적들에 대하여 일일이 기록하고 있지 않습니다. 그러나 가나의 혼인잔치에서 보여준 기적을 통해서 또 예루살렘에서 지금 보여준 표적을 통해서 예수님의 이름이 유명해지기 시작했다는 것은 사실이었습니다. 오늘 말씀 23절을 함께 읽어봅시다.

원문의 순서대로 보면 "많은 사람들이 그의 이름을 믿었다"가 먼저 나옵니다. 많은 사람들이 그의 이름을 믿게 되었다는 것은 예수님 편에서 굉장히 고무적인 일입니다. 많은 사람들이 그를 메시야로 인정하는 분위기이고 그를 유대인의 왕으로 삼으려는 분위기가 되어가니 얼마나 좋으셨겠습니까? 이제 그들은 자신들을 예수님께 신탁하려고까지 했습니다. 그런데 예수님은 자신을 그들에게 신탁하지 않습니다.

2. 자신의 몸을 신탁하지 않으시는 예수님

24절에 보면 "예수는 그의 몸을 그들에게 의탁(신탁)하지 아니하셨으니"라고 기록되어 있습니다. 예수님의 이름을 믿고 그에게 자신들을 신탁하려는데 왜 예수님은 그들에게 자신을 신탁하지 않으려 하십니까? 그 이유가 무엇입니까?

첫째, 사람들이 예수님을 믿게 된 것은 그가 행하는 표적을 보았기 때문입니다

23절을 봅시다. "그의 행하시는 표적을 보고 그의 이름을 믿었으나." 예수님께서 그들에게 자신을 신탁하지 않으시려 했던 이유는 그들이 가진 잘못된 동기 때문이었습니다. 사람들은 예수님께서 하시는 말씀보다 예수님께서 행하시는 표적에 관심이 있었습니다. 그가 하시는 말씀을 듣고 예수님을 믿은 것이 아니라, 그가 행하시는 표적을 보고 예수님을 믿으려 했기 때문입니다. 앞과 뒤가 작은 차이인 것 같지만 큰 차이입니다. 둘 사이에는 본질적인 차이가 존재합니다.

먼저 말씀을 듣고 믿는 경우를 생각해 봅시다. 이 경우는 초점이 말하는 자입니다. 말씀하시는 분의 인격입니다. 말은 그 사람의 인격의 표현이므로 말을 믿는다는 것은 그 사람의 인격을 믿어준다는 것입니다. 또한 그 말이 진리이므로 믿는 것입니다. 사람들이 누구의 말을 믿는다고 말할 때, 그것은 말하는 자의 말이 틀림없이 진실이라고 믿을 때만 가능합니다. 그러므로 예수님의 말씀을 믿는다는 것은 그분의 인격과 그분의 말씀의 진실성을 믿는 것입니다. 이 경우에는 예수님의 마음이 후련하실 것입니다. 그리고 그들이 당신을 믿는다고 할 때 기꺼이 예수님께서도 자신을 그들에게 맡길 수 있었을 것입니다. 더 나아가서는 말씀을 믿는 그들을 위해 표적까지도 행해주실 수 있을 것입니다.

그러나 표적을 보고 믿는 경우는 다릅니다. 표적은 예수님이 누구신지를 보여주는 가시적인 징표(sign)입니다. 이 가시적인 징표를 보는 것이 잘못은 아닙니다. 문제는 이런 징표를 보고서야 그 사람이 누군지를 알려고 하는 태도입니다. 이런 사람은 메시야임을 입증할 수 있는 기적과 표적이 나타나지 않으면 예수는 하나님의 아들일 수 없다고 결론을 지으려고 합니다. 말만 듣고는 절대로 모른다는 생각을 합니다. 반드시 표적으로 입증되어야 믿을 수 있다고 생각합니다.

이해하기 쉽도록 예를 들어보겠습니다. 교회에서 한 목회자를 청빙하였습니다. 그러면서 성도들이 하는 말이, "우리는 당신이 누구냐에 대하여, 또 무슨 말씀을 전하는가에 대하여는 관심이 없습니다. 우리가 관심을 가지는 것은 표적을 통하여 당신이 누구인가를 입증하는 것입니다. 몇 년 안에 얼마 정도의 성도를 모으고 교회를 어느 정도까지 성장시키지 못한다면 우리는 당신에게 우리 자신을 신탁할 수 없습니다. 우리는 당신이 전하는 말씀이 아니라 눈으로 보여주는 표적을 원합니다"라고 말하는 것과 같습니다. 오늘날 실제로 이런 요구들이 암묵적으로 나타나고 있습니다. 그래서 일부의 목회자들은 진리의 말씀을 전하는 것보다 성과를 내려고 교회에 온갖 종류의 행사를 만들어 교인들을 움직이는 것을 볼 수 있습니다. 온갖 인본주의적 수단을 동원하여 교인 수를 늘리려는 시도들을 볼 수 있습니다. 그래야만 자신이 살아남고 그래야만 표적을 요구하는 청중들을 만족시킬 수 있다고 생각하기 때문입니다.

대한민국의 대통령을 뽑는 경우도 마찬가지입니다. 만일 사람들이 지도자를 선택할 때, 그가 21세기 대한민국을 이끌어나갈 통치 철학이나 민족혼을 일깨우는 비전을 제시하는 것에 관심을 갖지 않고, 단지 그 사람이 경제를 얼마나 성장을 시켜줄 것인가?, 지금 안 팔리고 있는 우리 집 아파트는 잘 팔리게 만들어 줄 것인가?, 세금은 지금보다 적게 거두어 갈 것인가? 등에만 관심을 가지고 선거를 한다면, 표적을 보고 예수님을 믿으려는 사람들과 다르지 않습니다. 이런 기준으로 대통령을 뽑는다면 이 사람들은 자신들이 뽑은 대통령의 말에는 전혀 관심이 없을 것입니다. 오직 그가 내는 성과, 업적, 공로, 성공에만 관심을 가질 것입니다. 결국 대통령 후보자는 대통령이 되어서도 이들로 인하여 시달리게 될 것이고, 그가 설령 그들의 요구를 채워주어 그들이 자신을 떠받들어주어도 그들에게 결코 자신을 신탁하지 않을 것입니다.

예수님께서 예루살렘에서 바로 그런 문제에 봉착하신 것입니다. 그들은 예수님을 믿기는 믿었습니다. 심지어는 그에게 자신들을 신탁하려까지 했습니다. 그러나 무엇 때문에 입니까? 예수님께서 전하시는 하나님의 말씀 때문입니까? 아니면 그가 보여주는 보통 사람들이 할 수 없는 표적 때문입니까? 놀랍게도 그들은 아직 하나님의 말씀에는 관심이 없습니다. 그가 행하는 표적에만 관심이 있습니다. 그래서 표적이 나타나자 그를 믿고 그에게 자신들을 신탁했습니다. 그러나 예수님은 그들의 페이스에 말려들지 않았습니다. 예수님은 그들에게 자신을 신탁하지 않으셨습니다. 그들의 신탁통치를 거절하셨습니다.

둘째, 그들의 신탁통치 요청을 거부한 또 다른 이유가 있습니다

그 이유가 무엇입니까? 예수님은 모든 사람을 알았기 때문입니다. "이는 친히 모든 사람을 아심이요"는 희랍어로는 "디아 토 아우톤 기노스케인 판타스"(δια το αυτον γινωσκειν παντας)입니다. 먼저 "안다"라는 단어가 등장하는데, 희랍어로 "기노스코"(γινώσκω)입니다. 이 단어는 히브리어 동사 "야다"(ידי)로, 신약성경에서도 많이 나오는데 특히 요한복음서에 집중적으로 나오고 있습니다. 앞장의 1:48에서도 나옵니다. 이 "안다"라는 단어는 단지 정신으로만 아는 것이 아니라 몸으로 체험해보고 안다고 말할 때 쓰는 단어입니다. 그래서 부부간의 친밀한 앎을 말할 때 이 단어를 씁니다. 창세기 4장 1절에서 "아담이 하와와 동침하니" 할 때 이 단어를 썼습니다. 예수님께서 인간을 얼마나 잘 아시느냐? 머리부터 발끝까지, 오장육부까지, 우리가 하는 생각까지 다 아신다는 것입니다.

"모든 사람을"은 희랍어로 "판타스"(παντας)인데, 이 판타스는 본래는 인간을 비롯한 모든 사물들, 그리고 모든 사건들을 통틀어서 가리키는 의미입니다. 그리고 "그 자신은"이라는 의미를 지닌 "아우톤"(αυτον)이라는 대명사를 쓰고 있는데, 이는 예수님 자신을 강조하기 위하여 썼습니다. 즉 예수님은 하나님이시므로 모르는 것 없이 모든 것을 다 아신다는 의미입니다. 결론적으로 이렇게 모든 것을 다 아시는 분이 자신이 행하는 표적을 보고 그들이 자신에게 신탁하려 할 때 받아들일 수 있겠습니까?

많은 결혼한 부부들이 결혼하고 오래도록 살아보니, 그래서 속속들이 상대방을 알고 보니, 괜히 신탁을 받아들였구나 하며 후회한다고 말합니다. 여러분, 우리가 반드시 알아야 할 것은 인간 안에는 선한 것이 없다는 사실입니다. 성경은 인간을 일부러 악의적으로 깎아내리지 않습니다. 따지고 보면 괜찮은 인간인데 일부러 스타일 구기게 묘사하지 않습니다. "의인은 없나니 하나도 없도다. 선을 행하는 자는 없나니 하나도 없도다"(롬 3장). "내 육신에 선한 것이 거하지 아니하는 줄을 아노니 원함은 내게 있으나 선을 행하는 것은 없노라"(롬 8:18). 이것이 인간의 현주소입니다. 여러분, 그래서 우리가 화평하게 살기 위해서는 상대방에게 너무 가까이 다가가서 상대방을 너무 깊이 알려 하면 안 된다고 하는 말들이 있습니다.

"이는 모든 사람을 아심이요." 예수님께서 이렇게 인간을 잘 아시는데 어떻게 그들에게 자신을 맡기시겠습니까? 그들이 자신을 믿어준다고 좋아하셨겠습니까? 여러분, 우리 인간들 관계에서도 우리는 나와 함께 흉허물 없이 지냈던 사람들로부터 가끔 상처를 입지 않습니까? 예기치 않게 상처를 입게 되면 다음부터 사람들과 가까이 지내는 것이 두렵기까지 합니다. 그래서 가까이 지낼 때도 허물이 될만한 말이나 행동을 하지 않으려 조심하게 됩니다. 그런데 하물며 인간을 속속들이 아시는 하나님이신 예수님께서 어떻게 자신을 우리 인간들에게 맡기시겠습니까?

3. 사람은 전적으로 타락한 존재이고, 거듭나야 할 존재입니다

　사람이 어떤 존재인지에 대하여서는 어느 누구의 증거가 필요가 없습니다. 우리는 사람이 어떤 존재인지에 대하여 잘 안다고 말하는 사람들을 종종 듣곤 합니다. 그들은 사람은 선하다, 악하다 등의 철학들을 말합니다. 그러나 사람은 사람이 누구인지를 정확히 알 수가 없습니다. 예를 들어봅시다. 만일 개미가 개미에 대하여 모든 것을 안다고 말한다면 우리는 웃을 것입니다. "너희 개미들이 어떻게 개미라는 종에 대하여 다 안단 말이냐. 택도 없다. 개미들이여, 너희들에 대하여 알려면 인간이 되어라!"라고 말할 것입니다. 마찬가지로 사람도 사람을 다 알 수 없습니다.

　사람을 정확히 아시는 분은 오직 하나님뿐이십니다. 하나님은 사람을 지으신 분이심으로 사람을 정확히 아십니다. 예수님은 사람의 모습을 입고 오신 하나님이십니다. 사람의 증거가 없어도 사람이 어떤 존재인지를 그리고 사람에 관하여 모든 것을 아십니다. 사람들 속에 무엇이 들어 있는지 정확히 아신다는 것입니다. "예수님은 사람의 속에 있는 것을 아셨음이니라." 사람은 어떤 존재입니까? 사람은 하나님으로부터 왔습니다. 그러나 사람(아담)은 하나님을 배반했습니다. 하나님의 명령을 어기고 하나님같이 되려는 무서운 사람이었습니다. 하나님에게서 작은 흠이라도 찾으면 그 하나님을 물리치고 그 자리로 자신이 올라가려는 사람이었습니다. 그 사람 아담의 본성이 오늘 우리에게도 그대로 유전되어 있습니다.

무리들은 예수님의 표적을 보고 그를 믿었습니다. 그리고 그 자신들을 예수님에게 신탁하려고 했습니다. 그러나 예수님은 사람이 그를 믿고 그에게 자신을 맡김으로써 신의 자리로 올라가려는 사람의 교만을 알고 있습니다. 그래서 예수님께서는 그들이 자신들을 당신에게 맡기려고 할 때 거절하신 것입니다.

사람은 자연적으로든, 인위적으로든 어떤 수단과 방법을 통하여서도 올바른 사람이 될 수 없습니다. 최상의 교육을 시켜 최상의 환경에 두어도 사람은 하나님을 실망시키는 일밖에 하지 않습니다. 사람은 오직 거듭남을 통해서만 참 사람이 될 수 있습니다. 거듭나지 않으면 사람은 죄성을 지닌 사람일 뿐입니다. 죄성을 지닌 사람은 예수님을 믿고 자신을 예수님에게 신탁을 하면서도 사실은 자신이 하나님과 같이 되려는 존재들입니다. 오직 거듭나야 참 사람 구실을 할 수 있습니다. 참으로 예수님을 믿을 수 있습니다. 가장 겸손한 마음으로 자신을 하나님께 맡길 수 있습니다. 은행에다 돈을 맡길 때 은행이 번창하라고 맡기는 사람이 거의 드문 것처럼, 예수님에게 자신을 맡길 때 하나님 잘 되라고 맡기는 사람들이 없습니다. 우리는 뿌리부터 부패했습니다. 그러므로 거듭나야 합니다. 그래야만 참 믿음이 생길 수 있고, 참 믿음이 있는 곳에 참 신탁이 있습니다. 이런 참 믿음, 참 신탁이 있는 곳에 비로소 예수님은 그들을 받아주시고 교제를 나누어 주시는 것입니다. 문제는 인간이 거듭나야 한다는 것입니다. 때문에 3장의 거듭남의 주제는 논리적으로, 그리고 필연적으로 등장해야 합니다.

밤에 찾아온 손님

요한복음 3:1-3

　우리는 지난 말씀을 통하여 인간의 문제는 밖에서 일어나는 표적들을 통해서가 아니라, 인간 안에 있는 것들이 변화되어야만 해결될 수 있다는 사실을 알게 되었습니다. 그러나 예수님 당시의 대부분의 유대인들은 밖으로 드러나는 표적을 통해서만 구원을 받을 수 있다고 보았습니다. 이는 유대교의 지도자들이 그렇게 가르쳤기 때문입니다. 유대교 지도자들 그들 역시 인간의 속이 변화되어야 구원을 받을 수 있다는 사실을 모르고, 인간 밖에서 일어나는 변화들을 통하여 인간이 구원을 얻을 수 있다고 믿고 있었기 때문에 그렇게 가르쳤습니다. 그들은 우리가 하나님을 믿고 우리 외면(外面)을 바꾸면, 그것이 이 세계를 바꾸는 것이든지, 아니면 우리 육신이나 행동, 혹은 생활습관을 바꾸는 것이든지 간에, 내면도 바뀔 수 있다고 믿었습니다. 이런 그릇된 가르침을 반박하기 위해 사도 요한은 2장에 이어서 3장에서도 니고데모가 예수님을 찾아온 사건을 언급합니다.

1. 니고데모는 누구인가?

　먼저 니고데모라는 사람이 누구인지에 대하여 살펴봅시다. 오늘 말씀에 보면 그는 바리새인이라고 기록합니다. 바리새인은 어떤 사람입니까? 당시 유대교의 바리새파에 속한 신도를 말합니다. 바리새파는 사두개파, 에세네파, 열심당원 등의 파들과 같은 유대교 종파 중의 하나입니다. 유대교의 다른 종파들과 비교해서 바리새파 사람들은 율법을 가장 엄격하게 지켰습니다. 예를 들어서 바리새파는 안식일에 해야 할 일과 하지 말아야 할 일 39가지를 규정하여 엄격히 준수하게 하는 교파입니다.

　엄격하게 계율을 지키는 이런 전통은 오늘날까지도 이어지고 있습니다. 제 친구가 히브리 대학교에서 공부를 할 때 기숙사에 유대인과 함께 살았다고 합니다. 한 번은 어느 일요일 날 외출했다 집에 들어오는 길에 둘이 함께 엘레베이터 앞에 섰다고 합니다. 그런데 자기 친구 유대인은 엘레베이터 버튼을 누르지 않고 그 앞에 가만히 서 있길래 제 친구가 그 유대인 친구에게 "왜 가만히 있냐"고 물어보니, 그 친구는 안식일에 자신은 노동을 하면 안 되기 때문이라고 대답했다고 합니다. 바리새파 사람들은 엘레베이터 버튼을 누르는 일은 안식일에 노동을 하는 것이므로 엘레베이터 앞에 서 있다가 이방인들이 누르면 함께 타고 올라가는 사람들입니다. 이 종파는 엄격한 율법 준수라는 점에서 우월감을 가지고 있었고 이 종파에 가입하려면 엄격한 기준이 적용되었습니다. 예수님 당시에 바리새파 신도 수가 겨우 6천 명 정도에 불과했다고 합니다. 이처럼 가입하기가 쉽지 않았으므로 바리새인이 되면 영적 엘리트

의식을 가질 수 있었습니다.

니고데모는 바로 이 바리새파 출신이었습니다. 또한 성경은 그를 "유대인의 관원"이라고 소개합니다. 유대인의 관원이란 현재의 국회의원에 해당하는 산헤드린 의회의 의원입니다. 산헤드린 의회의 의원은 당시 70명만 될 수 있는 사회 특권층이었으므로, 니고데모가 산헤드린 의회 의원이라는 사실만으로도, 우리는 그의 출생 신분, 성장 과정, 교육, 재산 등을 추측해 볼 수 있습니다. 종합적으로 그는 그 당시 종교적으로, 사회적으로 엘리트임이 분명합니다.

그런데 오늘 본문 2절에 보면 "그가 밤에 예수께 왔다"라고 적고 있습니다. 원문에서는 "그"가 아니라 "이 사람"(outos, 후토스)이라고 적고 있습니다. 요한은 이 사람이라는 표현을 써서 놀람과 강조의 의미를 살리고자 하는 것입니다. 어떻게 이런 엄청난 사람이 나사렛 목수의 아들인 예수에게 찾아올 수 있느냐고 놀라며 쓰는 표현입니다. 사실 예수님의 공생애를 통해 살펴볼 때 헤롯, 빌라도 등의 집권자들을 제외하면, 니고데모는 예수님을 찾아온 사람들 중에서 사회적으로나 종교적으로 가장 높은 신분의 사람이었습니다. 본래 이런 사람이 예수님을 찾아온다면 낮에 찾아와야 합니다. 자기 밑의 사람들을 대동하고 자신의 당도를 예수님에게 알리게 한 다음 찾아와야 합니다. 그런데 오늘 말씀에 보면 그가 언제 찾아왔습니까?

2. 밤에 찾아온 니고데모

"그가 밤에 예수께 와서"(2). 그는 밤에 아무도 대동하지 않고 아무 공지 없이 혼자 찾아왔습니다. 그는 밤에 찾아온 손님이었습니다. 왜 그랬을까요? 진리에 대하여 알고 싶었기 때문입니다. 당시의 유대교의 관습에 의하면, 진리에 대한 진지한 토론은 주로 밤에 행해졌다고 합니다. 그래서 니고데모는 밤에 예수님을 찾아온 것입니다. 그는 단지 예수님에 대한 소문을 듣고 그저 한 번 만나 함께 식사나 하고 싶어 찾아온 식객(食客)같은 사람이 아니었습니다. 그는 오랫동안 자신 안에 있던 풀리지 않는 문제를 풀고 싶어 밤에 몰래 예수님을 찾아온 석객(夕客)입니다.

그런데 그가 밤에 찾아왔다는 표현은 단지 물리적 시간을 적기 위해서만 쓰고 있는 표현이 아닙니다. 여기서의 시간은 '카이로스' 즉 영적 시간입니다. 왜 니고데모가 밤에 찾아왔는가? 그 자신이 인생의 깊은 밤을 경험하고 있었기 때문입니다. 그와 같은 종교적 사회적 엘리트에게 무슨 인생의 깊은 고뇌가 있겠느냐고 생각하실 수 있으시겠죠. 그러나 실상은 그렇지 않습니다. 그런 엘리트들에게 고뇌가 더 많습니다. 이들은 그런 문제들을 남에게 알릴 수 없기 때문에 더욱 고통스러운 것입니다. 그때나 지금이나 자신 안에 감쳐져 있는 허무와 고통을 알릴 수 없어 고뇌하다가 생을 포기하는 사람들도 많습니다.

니고데모도 마찬가지였습니다. 그는 지금까지 유대교 내에서 자신의 인생의 근본적 고민을 해결하고자 노력해 왔습니다. 그래서 유대교의 가장 엄격한 교파인 바리새파에 가입하여, 그 종파의 교리를 학습 받고 그 종파에서 요구하는 계율들을 준수하면 자신의 궁극적 의문들이 해결되고, 그러면 고뇌의 밤이 지나고 환희의 낮이 올 것이라고 믿었던 것입니다. 그러나 정반대로 그가 유대교에 깊이 빠지면 빠질수록 그의 고독과 허무의 밤은 더 깊어져만 갔고, 이제 그 밤을 더 이상 견디기 어려울 정도가 되었습니다. 그러던 중 그는 나사렛 예수의 소문을 듣게 되었습니다. 그가 가나에서 행한 표적에 대하여, 성전에서 일어난 성전청결에 대하여, 그리고 그가 얼마 전에 있었던 유월절에 예수님께서 행했던 표적들에 대하여서도 들었습니다. 그는 이런 소문을 들으면서 나사렛 예수라는 사람에 대하여 관심이 커져 갔습니다. 그래서 그는 '이 사람을 찾아가면 혹시 내 문제를 풀어 줄 수 있지 않을까?' 생각했고 여러 날 동안을 고민하다 그를 찾아봐야겠다고 결심하고 어느 날 밤에 마침내 예수님을 찾아온 것입니다. 결론적으로 니고데모가 예수님을 찾아온 것은 단순히 예수님을 알고자 하는 욕구 때문이 아니라 자신의 근본문제를 해결하기 위해 찾아온 것입니다.

3. 거듭남의 표적을 구하는 니고데모

니고데모가 예수님께 먼저 말을 꺼냅니다. "우리가 당신은 하나님께로부터 온 선생인 줄 아나이다"(2절). 우리는 이 구절을 통하여 그의 예수님에 대한 인식과 예수님을 찾아온 목적을 엿볼 수 있습니다. 그는 지금 예수님을 "선생"($διδασκαλος$, 디다스칼로스)이라고 부르지 메시야라고 부르지 않습니다. 이는 그에게 있어 예수님은 아직 메시야가 아니라 그 당시 존재했던 여러 랍비들 중 한 사람 정도였다는 의미입니다. 하지만 그 뒤에 오는 "하나님께로부터 온"(απο θεου, 아포 테우)이란 표현을 볼 때, 그는 예수님을 보통 이상의 선생으로 보고 있는 것입니다. 그가 볼 때, 예수님은 그 당시 유명했던 샴마이 학파나 힐렐 학파의 학설을 배워서 풀어먹는 선생 정도가 아니라, 알지 못하는 신적인 능력을 나타내는 그런 선생, 일반 랍비들보다는 한 수 위에 있지만 아직 메시야는 아닌 그런 선생이었습니다.

이어서 니고데모는 자기가 왜 그렇게 말하는지 그 이유를 말합니다. "하나님이 함께 행하시지 않으시면 당신이 행하시는 이 표적을 아무도 할 수 없음이니이다"(2절). 그는 예수님이 일반 랍비들이 행하는 표적과는 차원이 다른, 보통 인간은 도무지 할 수 없는, 그리고 하나님께서 함께 하셔야만 일어나는 그런 신적인 표적을 행하기 때문에 예수님을 찾아 왔다고 말하는 것입니다. 결국 니고데모가 예수님을 밤에 찾아온 이유는 그가 행하는 신적 표적에 대한 관심 때문이었습니다. 그러면 왜 그가 표적에 이처럼 깊은 관심을 드러내고 있을까요? 하나님 때문일까요? 아니면 예수님 때문일까요? 둘 다 아닙니다. 위에서 말씀드렸던 것처럼 바로 자신의 문제 때문입니다.

니고데모는 이런 표적을 행할 수 있는 분이시면 자기 자신의 문제도 해결해 줄 수 있고, 자신 안에 있는 풀리지 않는 근본적인 문제도 해결해 줄 수 있다는 생각을 하게 된 것입니다. 니고데모 안에는 예수님은 자신의 문제를 해결해 줄 수 있는 표적을 보여 줄 수 있을 것이라는 기대가 숨어 있습니다. 예수님께서 그런 표적을 자신에게 한 번만 보여준다면, 그리고 그가 그런 표적만 본다면 자신의 문제도 해결될 수 있다는 기대가 깔려 있습니다. 니고데모는 결국 자신의 문제를 해결 받기 위하여 신적인 표적을 구하고 있는 것입니다. 엘리트이든 보통 사람이든 신에게 표적을 구하는 것은 결국 자기 문제를 해결하기 위함이라는 만고불변의 진리는 이 사람에게도 해당되었습니다. 니고데모는 자신이 섬겨온 유대교의 랍비들을 통하여 아직 그런 신적 표적을 보지를 못했고, 그와 더불어 자신의 문제도 해결을 받지 못했던 것입니다. 그런데 나사렛 예수에게서 그는 이런 가능성을 보았던 것입니다.

우리는 여기서 자기 문제를 해결 받기 위하여 잘못된 방법을 선택하는 니고데모를 볼 수 있습니다. 신적인 표적을 본다고 해서 자신의 근본적인 문제가 해결됩니까? 자신이 그토록 원하는 천국에 들어갈 수 있습니까? 그가 간절히 원하는 소원은 결국 천국 가는 것이기 때문입니다. 우리는 이 사실을 예수님의 다음 말씀을 보며 추론할 수 있습니다. 신은 인간이 물어보기 전에 그 사람의 문제를 아시는 분이십니다. 예수님은 "사람이 거듭나지 아니하면 하나님 나라를 볼 수 없느니라"(3절)라는 말씀을 통해 니고데모의 근본 고민이 무엇인가를 정확히 지적해 주시고 있습니다. 그의 근본문제는 천국 들어가는 것입니다. 물론 천국에 들어간다 함은 그런 천국을 이 땅에서 누리는 것입니다. 그런데 니고데모는 그 방법을 표적을 봄으로써 이루려고 합니다. 하지만 이런 해결 방법은 잘못된 방법입니다. 여러분, 자신 안의 변화 없이 밖에서 일어난 어떠한 표적이 우리를 천국으로 인도해 줄 수 있을까요?

어떤 사람이 자신이 섬기는 신에게 로또에 당첨되는 표적을 간

구해서 로또에 당첨되었다고 가정해 봅시다. 이를 통하여 그가 새 사람이 될 수 있습니까? 그 돈을 가지고 성형수술을 하고, 차를 최고급으로 바꾸고, 좋은 옷을 사 입고, 예쁘고 똑똑한 아내를 만나고, 세계일주 여행을 하고, 그런다고 해서 그의 인생이 파라다이스가 됩니까? 아닙니다. 신만이 할 수 있는 그 어떤 표적이 나타난다 해도 인간은 이를 통하여 자신의 삶을 천국으로 만들 수 없습니다. 사실 니고데모의 근본적인 고민은 자신이 아무리 종교 생활에 열심을 내도, 세상의 지위와 명예를 얻어도, 자신이 바라던 파라다이스가 이루어지지 않는다는 것이었습니다. 하지만 그는 어떤 특별한 신적인 표적이 일어나게 되면 그토록 원하던 소원이 성취될 것이라고 기대하고 있는 것입니다. 이런 니고데모의 속마음을 예수님께서는 아시기 때문에 다음과 같이 말씀하십니다.

4. 거듭남의 필요에 대하여 말씀하시는 예수님

3절을 봅시다. 예수님은 "진실로 진실로 네게 이르노니." 원어로는 "아멘 아멘 레고 소이"($\alpha\mu\eta\nu\ \alpha\mu\eta\nu\ \lambda\varepsilon\gamma\omega\ \sigma o\iota$)라고 말씀하는데, 이는 다음의 말은 참말이고 절대로 변할 수 없는 진리이니 유념하여 들으라는 의미입니다. 예수님은 "사람이 거듭나지 아니하면 하나님의 나라를 볼 수 없음이니라"라는 촌철살인의 이 한 문장으로 니고데모의 가슴을 찌르고 있습니다. 앞에서 말씀드렸던 것처럼, 예수님은 이 말씀으로 니고데모의 풀리지 않는 문제가 무엇인지를 정확히 집어냅니다. 그리고 "너의 이 문제가 해결이 되려면 거듭나야 한다"고 말씀하십니다. 예수님은 그의 소원은 결국 새사람이 되고 하나님 나라를 보는 것인데, 그러려면 그가 먼저 그 자신이 거듭나야 한다고 강변하시는 것입니다. 즉, 네가 나로부터 어떤 표적을 보면 그렇게 되는 것이 아니라, 거꾸로 네 자신이 거듭나면 너의 소원이 이루어질 것이라고 말씀하시는 것입니다.

그러면 "거듭나다"의 뜻은 무엇입니까? 답은 예수님께서 사용하신 희랍어 "아노센"(ανωθεν)이라는 부사에 있습니다. 이 단어는 "위로부터"라는 뜻을 가지고 있습니다. 예수님께서는 '너는 땅에서 났으나 네가 그런 복을 받으려면 네가 위로부터, 하늘로부터, 하나님으로부터 태어나야 한다'고 말씀하고 있는 것입니다. 또한 "아노센"은 "다시" 혹은 "거듭"이라는 뜻을 가지고 있습니다. 자연적 출생에서 한 번 태어났지만 그것으로 족하지 않고 다시 한 번 더 태어나야 한다는 말씀입니다. 거듭난다는 말씀은 위에 계신 하나님으로부터 다시 한 번 태어나야 한다는 것을 말합니다. 이렇게 다시 태어나야만 새사람이 될 수 있고, 새사람이 되어야만 하나님 나라도 볼 수 있다는 것입니다. 헬라적 배경에서 말씀을 드리면, 거듭나야만 본래의 사람이 될 수 있고 위에 있는 이상적인 나라도 볼 수 있다는 것입니다.

예수님은 이 말씀을 통하여 니고데모가 가지고 있는 문제가 무엇인지를 알려주고 정곡을 찌르는 답을 주십니다. 니고데모가 예수님을 찾아 올 수밖에 없던 깊은 고민은 천국을 보는 것이었습니다. 그는 유대교의 바리새인이 되면서까지 그 소원을 이루려 했지만 그렇게 될 수 없었습니다. 그래서 예수님께서 그렇게 만들어 줄 수 있는 어떤 표적을 혹시 보여주실까 해서 밤에 그를 찾아온 것입니다. 그런데 예수님께서는 그에게 표적을 보여주는 대신 문제 해결의 답만을 제공합니다. "네가 거듭나야 한다." 그가 위로부터 다시 태어나야만, 즉 하늘의 유전자를 가져야만 그렇게 될 수 있다고 말씀하고 있습니다.

예수님의 이 말씀은 일반인들이 이해하기가 쉽지 않습니다. 그러나 저는 어느 정도 이해합니다. 여러분, 서양에 살면 우리 동양인은 서양 문화를 아무리 이해하려 해도 제대로 이해할 수 없다는 어떤 절벽 같은 것에 부닥칩니다. 그들의 문화를 책을 통하여 알아보고, 또 직접 살면서 보고 들으면 알 수 있을 것 같은데, 어느 순간 '나는 아직도 이들의 문화를 이해 못하고 있구나'라는 절망적인 생각이 듭니다. 제가 아직 그들에 대하여 덜 공부해서 일까요? 덜 경험해서 일까요? 아니면 덜 살아서 일까요? 어느 순간 문득 저에게 '내가 이들과 유전자(gene)가 다르다'는 생각이 떠올랐습니다. 서양 문화를 제대로 이해하려면 한 가지 가장 확실한 방법이 있습니다. 무엇입니까? 제가 서양인으로 다시 태어나는 것입니다. 서양인으로 태어나면 저는 그들의 문화를 읽어내는 DNA를 가지고 태어날 것입니다. 그리고 그들의 학문, 문학, 예술 등을 쉽게 이해해 낼 것입니다.

우리 한국의 경우도 마찬가지입니다. 서양인이 한국 문화에 대하여 제아무리 공부를 많이 하고, 해금을 불고, 용비어천가를 읽을 수 있다 해도 그들이 과연 한국의 고유한 문화를 이해할 수 있을까요? 미국 대통령 버락 오바마가 언젠가 미국 교육은 한국 교육을 본받아야 한다고 말했는데, 그는 과연 시험에 나올 것만 족집게 같이 찍어주는 '족집게 과외 선생님'이라는 단어의 뉘앙스를 알고 있을까요? '강남 아줌마 따라잡기'에 대하여 감이라도 잡았을까요? 그가 한국 문화를 이해하려면 한국인으로 다시 태어나야 합니다.

마찬가지입니다. 천국을 보려면 천국 사람으로 다시 태어나야 합니다. 다시 태어남, 즉 거듭남이 없이는 절대로 천국을 볼 수 없습니다. 헬라인이 자랑하는 철학을 통해서도 불가능합니다. 독일의 철학자 하이데거는 이 요한복음을 보면서 그의 실존철학의 힌트를 얻었습니다. 그는 인간은 매스컴이나 떠돌아다니는 소문에 의존하고 살아가는 비본래적 실존으로부터 자기가 누구인지를 알고, 양심의 소리를 듣고 살아가는 본래적 실존으로 돌아가야 한다고 말했습니다. 그런데 그 방법이 무엇이냐? 하이데거는 결단(Entscheidung)이라는 것입니다. 그는 결단이라는 방법으로 본래적 실존에 도달할 수 있다고 말합니다. 그러나 이 일은 불가능합니다. 아무리 결단해도 작심삼일인 경우가 너무 많습니다.

종교를 통해서 천국에 들어갈 수 있습니까? 그럴 수 없습니다. 종교는 니고데모같이 고뇌하는 인간은 만들어도 그에게 천국을 선물해 주지는 못합니다. 천국에 들어가는 것은 오직 거듭나는 방법을 통해서만 가능합니다. 천국인으로 새로 태어나야 합니다. 천국인이 되면 천국이 이해가 됩니다. 이해가 되면 천국을 누릴 수 있습니다. 그러면 어떻게 천국인으로 다시 태어날 수 있습니까? 이 점에 대하여서 예수님과 니고데모 사이에 논쟁이 계속 이어지고 있습니다. 니고데모는 천국인으로 태어나는 문제에 대해서도 여전히 딴 얘기를 하고 있습니다. 다음 장에서 계속 살펴보겠습니다.

낮의 왕국으로 들어가기 위한 조건들

네가 거듭나지 아니하면
물과 성령으로 거듭나야 하리라
하나님의 사랑 (1)
하나님의 사랑 (2)
세상의 사랑

네가 거듭나지 아니하면

요한복음 3:4-5

1. 거듭남의 필요성

제가 1991년도 3월 독일 베를린에 도착했을 때, 한 번은 동베를린에 있는 훔볼트 대학교 정문 앞에 만들어진 임시 서점에 진열되어 있던 헌책들을 구경하고 있었습니다. 많은 책들 가운데 칼 마르크스의 『자본론』 전권(全卷)이 판매대 위에 놓여 있었습니다. 점원에게 값이 얼마냐고 물어보니 당시 돈으로 20마르크(25,000원) 한다고 해서 즉시 샀습니다. 동서독이 통일되자마자, 한국에서는 하늘에서 별 따기처럼 구하기 어려웠던 『자본론』이 20마르크라는 헐값에 팔리고 있었던 것입니다. 독일이 통일된 후에 마르크스의 사상과 공산주의가 유럽을 비롯해 온 세상에서 어떤 대우를 받아오고 있는지 설명드리지 않아도 잘 알고 계실 것입니다. 마르크스의 책들은 최근 들어 다시 읽히고 있습니다. 그의 책들이 또다시 읽히는 이유는 여러 가지가 있겠지만, 자본주의 사회에서 신자유주의적

경제 정책들로 인하여 빈부의 차이가 극심해지고, 이를 통하여 우리 사회가 더욱 비인간화 되고 있기 때문입니다. 저는 일본의 어느 작가가 마르크스에 관해서 쓴 책을 보면서 다음의 구절이 특히 인상 깊었습니다.

"종교가 존재하는 것은 결함이 존재한다는 것이기 때문이고, 이 결함의 근원은 국가 자체의 본질 속에서 찾을 수밖에 없다. 종교는 우리에게 이미 세속적인 편협함의 원인이 아니라 다만 그것의 현상에 지나지 않는다고 생각한다."(『유대인 문제에 관하여』, 『헤겔 법철학 비판』 서문, 19.)

우리는 마르크스가 종교를 민중의 아편으로 규정했다는 사실을 잘 알고 있습니다. 그의 종교관에 대하여 다 들어보지 않아도, 우리는 위에서 언급한 인용 문장을 통하여 그의 종교관의 또 다른 한 측면을 볼 수 있습니다. 그는 종교가 존재하는 것은 결함이 존재하기 때문이라고 말합니다. 확실히 이 말은 틀리지 않습니다. 결함이 존재하지 않는 곳엔 종교가 존재할 필요가 없기 때문입니다. 그런데 그의 다음의 말은 좀 생각해 보아야 할 부분입니다. "이 결함의 근원은 국가 자체의 본질 속에서 찾을 수밖에 없다." 마르크스가 이 말을 한때는 그와 엥겔스가 공산당 선언을 했던 1848년 이전입니다. 그가 이런 말을 했던 19세기 중반은 18세기에 유럽에서 시작되었던 계몽주의가 무르익어 가던 때였습니다. 인간은 자신을 주체적 인간으로 자각하기 시작했고, 또한 정치나 사회제도적으로도 여러 가지 점에서 개선이 되어 개인에게도 많은 자유가 주어졌습니다. 심지어 유럽인들에게 심한 차별대우를 받던 마르크스 자신의 동족이었던 유대인에 대한 제약들도 많이 풀리고 그들의 인권 상황도 점점 개선되고 있었던 때입니다. 그런데 여러 면에서 인간의 삶이 개선되어 가는 것으로 보였던 시대였지만 천재 마르크스가 볼 때는 실질적으로는 그렇지 못해 보였습니다.

마르크스는 이 정도로 인간의 상황이 개선되었으면 종교가 사라져야 하는데 아직 사라지지 않고 있는 특이한 현상에 주목했습니다. 그는 그 이유가 국가 자체의 본질 속에 있다고 보았습니다. 한 국가를 유산자인 부르주아 계급이 다스리고 있는 한, 인간의 실질적 상황은 나아질 수 없다고 생각한 것입니다. 그래서 국가를 무산자인 프롤레타리아 계급이 다스리게 될 때야 비로소 인간의 실질적 상황은 나아질 수 있다고 보았습니다. 그렇기에 마르크스는 1848년에 공산당 선언을 하였고 그를 중심으로 유럽 대륙은 사회주의 혁명이 일어났습니다. 그리고 마침내 무산자 계급이 다스리는 시대가 소련을 중심으로 이루어졌습니다. 문제는 그로 인하여 소련을 비롯한 유럽의 여러 나라에서 종교가 다 사라지게 되었느냐 입니다.

이런 혁명적 변화들에도 불구하고, 그 이후로 오늘까지 종교 인구는 줄어들지 않고 오히려 더 늘어나고 있습니다. 왜 종교는 사라지지 않습니까? 그것은 인간에게 어떠한 방법으로도 절대로 없앨 수 없는 근본적인 결함이 있기 때문입니다. 그런데 이 결함의 근원은 국가가 아니라는 것입니다. 국가를 어느 누가 다스려도 결함은 없어지지 않습니다. 우리 대한민국의 역사만 보더라도 해방 이후에 우파적 성향을 가진 정부가 대부분 통치했고, 좌파적 성향을 가진 정권도 20년 이상을 통치해 왔습니다. 우리나라의 민주주의는 많이 발전했고 인권과 복지도 이전에 비해 많이 좋아졌습니다. 그러면 과연 결함이 있어야만 존재할 수 있는 종교가 사라졌습니까?

오늘 말씀에 근거하여 말씀을 드리면, 예수님의 대답은 마르크스의 대답과 전적으로 다릅니다. 예수님은 국가는 애당초 거듭날 수가 없고, 설령 거듭난다 해도, 국가를 통해서는 천국을 볼 수 없다고 말씀하십니다. 예수님은 제도가, 그리고 교육과 문학과 예술이 거듭남을 통해서 천국을 볼 수 없다고 말씀합니다. 도리어 그것들을 만들어 사용하는 사람들이 거듭나야 한다고 말씀합니다. 사람이 다시 태어나야만, 땅의 사람이 천국 사람으로 다시 태어나야만 하늘나라를 볼 수 있다고 말씀하십니다. 이를 우리들에게 적용시켜 보면 우리 각 사람이 다시 태어나야만 천국을 볼 수 있다는 말씀입니다. 여러분, 천국이 보입니까? 천국이 어떤 나라인지 알 것 같습니까? 만일 천국이 보인다면 우리가 거듭났기 때문입니다. 언제, 어디서, 어떻게 거듭났는지는 모르지만, 천국을 볼 수 있다면 우리는 거듭난 것입니다.

니고데모는 유대인의 선생이었지만 아직 거듭나지 않았습니다. 그러니 천국을 볼 수도 없었습니다. 그러면 그는 왜 아직 거듭나지 못했을까요? 그 이유는 니고데모는 거듭나는 방법을 제대로 몰랐기 때문입니다. 거듭나려면 그 방법을 제대로 알고 있어야 합니다. 잘못 알면 평생 종교 생활하면서도 천국에 들어가지 못합니다. 그렇다면 니고데모는 거듭남에 대하여 어떻게 알고 있었을까요?

2. 어떻게 거듭나는가?

니고데모는 예수님의 말씀에 대하여 토를 답니다. 사람이 거듭나야 한다는 말을 들을 때 그는 다음과 같이 의문을 표합니다. "사람이 늙으면 어떻게 날 수 있사옵나이까, 두 번째 모태에 들어갔다가 날 수 있사옵나이까?"(4). 그의 이 말은, 언뜻 보면 그런 식으로 거듭나는 일이 어떻게 가능하냐고 비꼬는 표현이라고 볼 수 있습니다. 그러나 오늘 말씀의 정황에 비추어 볼 때 그렇게 비꼬는 표현만은 아니라고 여겨집니다. 그는 "실제로 그런 일이 가능할 수 있느냐"는 진지한 의문을 제기하고 있는 것입니다. 그리고 이런 말들을 통하여 자기 종교의 한계를 드러내고 있다고 볼 수 있습니다. 자기가 지금까지 몸담아 배워왔던 유대교에서는 거듭남의 진리를 배워본 적이 없다는 것입니다. 그래서 그는 그런 기적은 불가능하다고 생각하고 있었던 것입니다.

그러나 우리는 이 니고데모의 말속에서 유대교의 근본 구조를 읽을 수 있습니다. 유대교는 근본적으로 행위주의와 합리주의라는 두 토대 위에 서 있던 종교입니다. 먼저 그는 그가 배웠던 행위주의 입장에서 예수님의 말씀을 이해해 봅니다. 그는 사람이 거듭나려면 거듭 반복되는 행동이 필요하다고 배웠습니다. 어떤 선한 행동을 거듭 반복하다 보면 결국은 사람이 새로워지고, 언젠가는 거듭나게 되어 천국에 들어간다는 논리입니다. 또한 그는 유대교의 합리주의 토대에서 예수님의 말씀을 이해합니다. 이런 행동의 반복도 합리적 계산에 의하여 된다는 것입니다. 때문에 불합리한 것을 이루기 위해서는 아무리 행동을 반복해도 안 된다는 것입니다.

이성과 경험을 근거로 합리적 이치를 따져 보면, 사람이 거듭나려면 어머니 뱃속에 들어갔다가 다시 나와야 하는데 어떻게 이것이 합리적으로 가능하겠느냐는 것입니다.

니고데모는 지금까지 자신이 배운 행위주의적 판단에서 볼 때도, 그리고 합리적인 이치를 따져 봐도 그런 거듭남은 불가능하다고 생각했습니다. 그는 성경을 보긴 보았지만 아직도 행위주의와 합리주의의 틀 속에서 보고 있었기 때문입니다. 그러나 성경을 자세히 보면, 그가 보고 있던 구약성경을 이미 이런 일이 가능하다는 사실을 암시해주고 있습니다. 하나님께서는 이미 예레미야나 에스겔을 통하여 이런 시대가 도래할 것을 예언해주셨습니다. 구약의 선지자들은 사람이 물과 성령으로 거듭나 하나님 나라에 들어갈 시대를 예언하고 있습니다. 하나님께서는 렘 31:7 이하에 나오는 새 언약에 관한 말씀과 겔 37장의 마른 뼈들이 소생하는 예언 등을 통하여 말씀해주셨습니다. 그러므로 예수님께서 "물과 성령으로 거듭나지 않으면 하나님 나라에 들어갈 수 없다"라고 말씀하실 때는 그가 니고데모에게 전혀 들어보지 못한 새로운 말씀을 하시는 것이 아니라, 구약에 이미 기록되어 있는 내용을 상기시키고 있는 것입니다. 예수님은 메시야가 오시게 되면 물과 성령으로 거듭나 천국으로 들어가는 새 시대가 시작된다는 예언을 상기시키며 자신이 바로 오실 그 메시야임을 알려주시는 것입니다.

오늘 본문 말씀 5절을 봅시다. 예수님은 어떻게, 그리고 무엇을 수단으로 해서 거듭날 수 있는지에 대하여 말씀하십니다. "사람이 물과 성령으로 거듭나지 아니하면 하나님의 나라에 들어갈 수 없느니라." 예수님께서 무엇으로 거듭난다고 말씀하십니까?

첫째, 물입니다. 물로 씻으면 거듭난다는 말씀입니다. 그런데 이 말을 바로 이해해야 합니다. 세계의 종교사를 공부해 보면, 많은 원시 종교에서는 거듭남을 위해서 물로 씻으라고 가르치고 있기 때문입니다. 일본의 신도(神道)의 경우도 거듭남을 위하여 경이로운 폭포로 가서 폭포수를 통하여 씻고 또 씻으라고 가르칩니다. 그러면 죄가 씻음을 받고 거듭난다는 것입니다. 유대인들도 정결 의식을 행했습니다. 그들에게도 입교 전에 물로 씻음을 통한 거듭남의 의식이 존재했습니다. 예수님 당시 존재했던 에세네파나 쿰란 공동체에서도 그런 정결 의식이 입문 의식으로 반드시 요구되었습니다. 그렇다면 예수님 역시 그런 수준에서 거듭남을 말씀하시는 것입니까?

예수님께서 말씀하시는 물은 무엇입니까? 바로 하나님의 말씀입니다. 하나님의 말씀으로 씻으면 거듭날 수 있다는 것입니다. 하나님 말씀으로 어떻게 씻을 수 있습니까? 여러분, 자세히 따져 보면 어떤 분야든 사람은 행동의 반복으로가 아니라, 말의 반복으로 거듭납니다. 여러분, 운동을 할 때 레슨을 받아보셨을 것입니다. 가르치는 선생님들이 얼마나 말을 많이 하는지 모릅니다. 훌륭한 선생일수록 행동보다 말을 많이 합니다. 그러고선 말이 안 통할 때 행동으로 보여줍니다. 행동은 사실 말이 안 통할 때 몸으로 보여주는 몸 언어(body-language)입니다. 문학이나 예술 등의 분야도 마찬가지입니다. 사람은 행위 이전에 말로써 거듭나는 것입니다. 하나님께서 인간을 거듭나게 만드시는 경우도 마찬가지입니다. 하나님은 당신의 말씀을 거듭하여 들려주십니다. 인간은 한 번 말한 것 가지고는 거듭나지 않습니다. 그렇기에 하나님께서는 당신의 종들을 통하여 거듭거듭 들려주고, 거듭거듭 목욕을 하게 하십니다. 그럴 때 우리는 어느 순간에 예수님이 누구신지가 보이고, 그다음에 하나님이 보이고, 그다음에 천국이 보이는 것입니다.

하나님께서 거듭나게 하시는 수단은 바로 당신의 말씀입니다. 그러므로 우리는 거듭나기 위하여 하나님의 말씀을 읽고, 듣고, 공부하고, 묵상하고, 말씀으로 목욕을 해야 합니다. 세례는 바로 이 사실을 상징적으로 가르쳐주는 의식입니다. 수세(水洗)자가 잠시 물에만 잠겼다 올라온다고 거듭나는 것이 아닙니다. 말씀으로 목욕을 해야 합니다. 제 경우도 세례를 받은 후에 지금까지 말씀으로 목욕을 했습니다. 여기 한국에서만 안 되겠다고 생각해서 유럽 물로도 목욕을 했습니다. 온양온천에서만 아니라 독일의 바덴바덴 (Baden-Baden: 독일어로 Bad는 목욕이며, 바덴바덴은 독일의 유명한 온천 도시이다.)이라는 지역에 가서도 목욕해 보았습니다. 그랬더니 이제야 하나님 나라가 보이기 시작합니다. 저의 마음속에 비로소 하나님 나라가 임했습니다. 그래서 이후로는 그 나라를 잊고 산 적이 없습니다. 그 나라에 대한 소망이 끊어진 날이 없습니다. 거듭나기를 원하십니까? 그렇다면 말씀으로 목욕하십시오. 일주일에 단 한 차례 정도로는 너무나 부족합니다. 매일 목욕해야 합니다. 성경을 진지하게 일독만 해 보시면 거듭남의 기적을 체험할 것입니다.

둘째로 물로만 아니라 "성령으로 거듭나야" 합니다. 성경을 읽기는 읽지만 자기 정신이나, 다른 인간들의 정신이나, 혹은 시대 정신을 의지해서 읽으면 안 됩니다. 반드시 하나님의 정신인 성령의 도움을 받아야 합니다. 하나님의 영의 지도를 받으면서 읽어야 합니다. 하나님의 영은 하나님께서 성경을 통하여 우리에게 무엇을 말씀하셨는지에 대하여 가르쳐 주십니다. 하나님의 영은 우리에게 하나님을 가르쳐 주십니다. 하나님의 영은 우리를 예수 그리스도께로 인도하십니다. 하나님께서 예수 그리스도를 통하여 우리 죄인들의 죄를 사해 주셨다는 사실을 깨우쳐 주십니다. 이 사실을 우리 마음속에, 우리 영혼 속에 일깨워주십니다. 성령께서 말씀으로 우리를 깨우치시면 우리 정신은 각성합니다. 우리 정신이 거듭납니다. 왜 교회에서 목사님들이, 혹은 먼저 믿는 분들이 입만 열면 하나님, 예수, 구원, 죄 용서, 영생, 말씀, 성령, 천국 하는지 그 이유를 비로소 알기 시작합니다.

결론적으로 말씀을 드리면, 인간이 거듭나는 것은 물리적으로 거듭나는 것이 아니라 영적으로 거듭나는 것입니다. 거듭나게 하심의 주체는 하나님이십니다. 인간이 거듭나고 싶어 거듭나는 것이 아닙니다. 하나님께서 거듭나게 해주셔야만 거듭날 수 있습니다. 하나님께서 인간이 거듭나도록 사용하시는 수단은 하나님의 말씀입니다. 하나님의 영을 보내시어 하나님의 말씀으로 우리 정신을 씻어 새롭게 만듭니다. 거듭남은 근본적 의미에서 영과 정신의 거듭남입니다. 인간의 행위는 그 자체로 절대로 거듭날 수 없습니다. 영이 거듭나고, 마음이 거듭나고, 정신이 거듭날 때, 그 행위도 거듭나게 되는 것입니다. 정신의 거듭남이 없는 행위의 거듭남은 일시적인 거듭남일 뿐입니다. 비록 행위가 거듭나게 보여도 정신이 거듭나 있지 않으면 다시 부패하게 됩니다. 그래서 우리 인간들이 이 세상에서 만들어낸 것들은 세상을 근본적으로 새롭게 만들 수 없습니다. 왜 그렇습니까?

3. 하나님의 정신인 성령으로 거듭나야 합니다

　육으로는 거듭날 수 없습니다. 왜 그렇습니까? "육으로 난 것은 육이기" 때문입니다. 6절을 봅시다. 사람이 사람을 낳았다면 그 역시 사람일 뿐입니다. 사람들이 정신의 위대한 활동을 통해 불후의 명작들을 생산했다 하더라도 그것들로 인간을 새로 태어나게 만들 수 없습니다. 종교가 인간을 거듭나게 할 수 없습니다. 왜 그렇습니까? 종교도 육에서 나온 것이기 때문입니다. 철학이 인간을 거듭나게 할 수 없습니다. 가장 고상한 철학도 결국 육에서 나온 것이기 때문입니다. 문학도 인간을 거듭나게 만들 수 없습니다. 왜입니까? 육에서 나온 것이기 때문입니다. 인생은 짧지만 예술은 긴 것은 사실입니다. 그러나 그 예술도 육에서 나온 것이므로 우리를 구하지 못합니다.

　인간은 인간 안에 있는 것으로는 절대로 구원받을 수 없습니다. 인간이 만든 가장 위대한 신을 통해서도 구원받을 수 없습니다. 인간을 근본적으로 새롭게 태어나게 만들 수 있는 분은 인간을 만드시고 만물을 창조하신 여호와 하나님 한 분밖에 없습니다. 여호와 하나님에게서 나온 영이신 성령님만이 인간을 거듭나게 할 수 있습니다. 그의 입에서 나온 말씀만이 인간을 구원할 수 있습니다. 예수님은 하나님의 로고스로, 우리를 구원하시기 위하여 화육(化肉)이 되신 말씀입니다. 예수님은 몸으로 하나님의 말씀을 전했습니다. 또한 입을 열어 가르치시면서 말씀하셨습니다. 하나님께서 성령을 보내시어 예수님께서 하셨던 말씀으로 우리 정신을 개조시킬 때, 우리는 비로소 거듭날 수 있습니다. 그러므로 우리는 거듭나기 위해 우리 인간 안에서 나온 것들을 모두 내버려야 합니다. 그리고 하나님의 말씀을 깊이 경청하고 그 말씀으로 목욕해야 합니다. 그럴 때 하나님의 말씀이 우리 속으로 들어가서 우리 영혼을 거듭나게 하시는 것입니다. 그리고 우리 영혼이 거듭나면 드디어 하나님 나라가 보이는 것입니다.

4. 그런데 이 거듭남의 비밀은 감추어져 있습니다

오늘날 거듭남이 무엇인지조차 모르고 신앙생활하고 있는 신자들이 많습니다. 교회 안에 거듭남의 역사도 너무 적게 나타나고 있습니다. 사회에서는 우리들이 믿고 있는 기독교가 가장 거듭나지 않은 종교로 비치고 있을 정도입니다. 실제로 정확히 따져보면 오늘날 교회 안에는 거듭난 그리스도인들이 그렇게 많지 않습니다. 그 이유가 어디에 있을까요? 그것은 하나님의 말씀을 듣지 못하기 때문입니다. 설교 강단에서도 설교자들이 하나님의 말씀보다 이 세상의 말들을 더 많이 들려주고 있습니다. 타종교에서도, 일반 철학 사상에서도 전해지고 있는 말들이 강단을 통해서 전해지고 있습니다.

그러면 하나님의 말씀은 무엇입니까? 요 1:1에 답이 나와 있습니다. 하나님의 말씀은 예수 그리스도에 관한 말씀입니다. 그러므로 설교자들은 그에 관한 말씀을 들려주어야 합니다. 그분께서 하신 말씀을 전해야 합니다. 그런데 강단에서 그분의 말씀이 아니라 다른 인간의 말들을 전하니 사람이 거듭날 수가 없는 것입니다. 사실상 인간의 말들인데 설교자가 하나님의 말씀의 옷을 덧입혀 전하니, 듣는 사람들은 그런 말들을 하나님의 말씀으로 받아들이는 것입니다.

　오늘날 우리 기독교가 다시 살아나려면 하나님의 말씀과 인간의 말을 구분하는 일부터 시작해야 합니다. 선거철만 되면 교회의 강단에는 하나님의 말씀이 사라지고 조선일보 논조의 인간의 말들과 한겨레 신문의 논조의 인간의 말들이 강단을 점령하게 됩니다. 강단은 하나님의 말씀이 전해지는 곳이지 인간의 말이 전해지는 곳이 아닙니다. 비록 그 말을 듣고 뜨거운 조국 사랑이 일어난다고 해도, 비록 그 말을 듣고 인간 사랑, 세상 사랑이 일어난다고 해도, 그 말들이 곧 하나님의 말씀이 아닐 수 있습니다. 여러분, 예수님은 유대인이셨습니다. 그리고 자기 민족을 사랑했습니다. 그러나 예수님은 유대인 사랑, 조국 사랑을 선동하는 어떤 말들도 하지 않았습니다. 결국 마지막에 바로 이 조국을 사랑하는 사람들 때문에 십자가에 못 박혀 돌아가셨습니다. 주님은 이 땅에 하나님의 나라를 전하기 위해 오셨지 땅에 특정 나라, 혹은 특정 정파의 이데올로기를 흥왕시키기 위해서 오신 것이 아닙니다.

　하나님의 말씀이 전해지는 곳에는 사람들이 인간과 세계의 행복보다 하나님의 행복에 관심을 갖습니다. 하나님에 대하여 배우고자 하는 열망이 일어납니다. 그분의 성품을 배우며 감사합니다. 그분의 행적을 살피는데 골몰합니다. 그분을 기쁘시게 하기 위해 그분의 뜻을 따라 행합니다. 선한 행동을 하는 것이 인간의 본분이기 때문이어서가 아니라, 선한 행동을 명하신 분이 하나님이시기 때문에 하나님을 기쁘시게 하기 위해 그렇게 합니다. 참으로 거듭난 사람은 선한 행동을 하면서도 그것을 선한 행동이라고 생각하지 않습니다. 그는 하나님을 기쁘시게 하는 행동이라고 말합니다. 이 사람의 사고의 중심에는 언제나 십자가가 서 있습니다. 우리를 구하기 위해서 그 아들을 보내시어 십자가에 못 박혀 죽게 하시는 그 하나님의 사랑이 항상 가슴에 맴돕니다. 그러면서 그 사랑을 전하기 위해 생명을 거는 것입니다. 이 때문에 자신에게 메어지는 십자가를 피하지 않습니다. 십자가를 지고 어디든지 그를 따라갑니다. 나를 따르라는 말씀이 없어도 "제가 주님을 따르겠습니다"라고 고백하고 자원하며 따라갑니다. 지금은 어느 때입니까? 한국 사회가 거듭날 때가 아니라, 기독교가 거듭날 때가 아니라, 교회가 거듭날 때가 아니라, 바로 내가 거듭나야 할 때입니다.

왜 내가 거듭나야 합니까? 3절을 봅시다. 사람이 거듭나지 아니하면 하나님 나라를 볼 수 없기 때문입니다. 우리가 궁극적으로 바라봐야 할 나라는 하나님 나라입니다. 물과 성령으로 거듭나 지금 여기서, 그리고 장차 하나님 나라를 볼 수 있는 저와 여러분이 되시기를 주의 이름으로 간절히 축원 드립니다.

물과 성령으로 거듭나야 하리라

요한복음 3:5-15

1. 거듭난 스페인 축구

지난 2012년에는 한 달 동안 유럽 축구 선수권대회가 열렸습니다. 우리나라 시간으로는 새벽 시간에 볼 수밖에 없었던 경기들이 지만 많은 사람들이 주요 경기들을 시청했습니다. 저도 축구를 좋아해 새벽기도에 나오기 전에 틈틈이 주요 경기들을 보았는데, 그 시즌 유럽 축구 선수권대회를 결산하면서 가장 인상 깊었던 것은, 특정 선수의 활약이 아니라 거듭난 스페인 축구팀이었습니다. 스페인과 이탈리아의 결승 경기가 스페인의 일방적 우세 속에 4:0으로 끝났을 때, 세계 유명 언론들은 앞 다투어 놀라운 스페인 팀에 대하여 경축하는 글들을 썼습니다. 몇몇 전문가들은 1970년 줄리메 컵을 영원히 가져갔던 펠레의 브라질 팀 이후에 최고의 팀을 보았다고 극찬했습니다. 이런 칭찬이 결코 과찬이 아니라는 것은, 이전에 이탈리아 팀이 국제경기에서 4:0이라는 점수차로 진 적이 거의 없었다는 사실이 증명해 줍니다. 이 결승 경기에서 스페인 팀은 그야말로 완벽하고 환상적인 경기를 보여주었습니다.

스페인 팀은 확실히 지금까지 보여주었던 그런 스페인 팀이 아니었습니다. 스페인 팀은 유럽 축구 선수권대회를 지난 대회에 이어서 연이어 차지한 유일한 팀이 되었고, 또한 지난 월드컵을 포함해서 메이저 대회에서 세 차례 연속 우승한 팀이 되었습니다. 여러분, 스페인 팀이 4년 전에는 어떤 팀이었는지 알고 계십니까? 우리나라 대표팀이 스페인과 월드컵에서 세 번 싸웠는데 한 번은 무승부, 한 번은 패배, 또 한 번은 승부차기로 이겼던 팀입니다. 이때의 스페인 팀은 우리와 비슷하거나 조금 더 강한 팀이었습니다. 그러나 지금의 스페인을 보십시오. 이들은 확실히 거듭난 팀입니다. 이제 이들은 세계인들의 정신을 빼놓은 팀이 되었습니다.

스페인 축구팀이 이처럼 거듭나게 된 원인은 어디에 있었을까요? 전문가들은 대체로 다음의 네 가지를 꼽습니다. 첫째, 유소년 축구의 부흥입니다. 지금의 국가대표 선수들의 대부분이 바르셀로나, 마드리드 등과 같은 명문 축구팀의 유소년 클럽에서 자란 선수들입니다. 둘째, 컴퓨터와 같이 정확한 패스 훈련을 한다는 것입니다. 바르셀로나 유소년 축구 클럽에서 선수로 활동하면서 상당한 두각을 나타낸 한 한국인 선수가 있었는데, 그 선수가 하는 말이 자기네 훈련방식은 하루에 두 시간씩 연습을 하는데 패스로 시작해서 패스로 끝날 정도로 패스 훈련을 집중적으로 시킨다고 했습니다. 셋째, 완벽한 개인기를 가지고 있다는 점입니다. 그동안 마라도나, 호나우두, 메시와 같은 남미 선수들과 같이 호흡하면서 그들의 기술을 배워서 이제는 기술적으로도 남미 선수들에 전혀 뒤지지 않는다는 것입니다. 넷째, 선수들끼리의 화목입니다. 이전에는 마드리드와 바르셀로나 선수들 사이에 불화가 있어서 팀이 하나가 되지를 못했습니다. 그런데 지금은 이런 불협화음 소리가 들리지 않습니다. 또 하나는 다양한 전술의 개발입니다. 2012년 유럽 축구 선수권대회에서 스페인 팀이 선보였던 전술은 제로 톱(zero top) 전술입니다. 전방 공격수로 한 명 아니면 두 명의 공격수를 배치하지 않고 전원이 공격을 하는 전술입니다. 어디에서 어느 선수가 나와 슛을 쏠지를 알지 못하게 만들어 놓는 전술입니다.

저는 이 스페인 축구팀을 보면서 우리 교회도 저렇게 거듭날 수 없을까?라는 생각을 했습니다. 어릴 때부터 분당두레교회 소속감을 심어주어서, 졸업과 동시에 교회를 떠나는 일이 없게 하고, 교인들끼리 서로 불협화음 없이 하나가 되고, 공을 잡으면 적절한 시점에 패스하듯이 지체들 간에 서로 호흡이 척척 맞아 은혜도 패스하고, 감사도 패스하며, 고통과 기쁨도 패스하고 늘 서로를 보면서 함께 하는 공동체가 된다면, 또한 앞에 서 있는 특정한 몇 사람들을 중심으로 교회가 움직여지는 것이 아니라 모든 사람들이 함께 교회를 위하여 자기 역할들을 잘 감당해 준다면, 확실히 우리 교회는 거듭난 교회가 되지 않을까라는 생각이 들었습니다. 우리 교회가 아직 이런 교회가 되지 않았다면 어디서부터 시작해야 할까요? 거듭나는 일부터 시작해야 합니다. 교인 한 사람 한 사람이 거듭나야 합니다. 나의 거듭남이 옆에 있는 사람에게 느껴질 정도로 거듭나야 합니다. 분명히 지금과는 다르게 주님을 섬기는 모습들이 나타나야 합니다. 그러면 어떻게 이처럼 거듭날 수 있을까요?

2. 말씀과 성령으로 거듭나야 합니다

지난 장에서 살펴보았던 것처럼, 거듭나려면 하나님의 말씀을 들어야 합니다. 말씀을 읽고 공부하고 말씀으로 목욕을 해야 합니다. 또한 성령의 도움을 받아야 합니다. 하나님의 영이신 성령님께서 우리가 말씀을 읽을 때, 그 말씀으로 우리 안에 예수님의 십자가의 죽음의 효력이 나타나게 하시어, 아담이 물려준 원죄와 우리 속에 이끼처럼 끼어있는 더러운 죄의 습성을 제거해주실 때 거듭나는 것입니다. 우리는 성령의 도움으로 말씀을 통하여 우리 생각, 감정, 의지가, 즉 전인격이 새로워지고, 새 마음, 새 정신, 새 뜻, 새 감정을 가지는 새 인간으로 다시 태어나는 것입니다. 5-6절 말씀을 함께 읽어봅시다.

"예수께서 대답하시되 진실로 진실로 네게 이르노니 사람이 물과 성령으로 나지 아니하면 하나님의 나라에 들어갈 수 없느니라 육으로 난 것은 육이요 영으로 난 것은 영이니."

그러면 성령으로 거듭난다는 것은 어떻게 거듭나는 것일까요?

3. 성령으로 거듭나는 것은 요한은 바람이 불어오는 것과 같다고 말합니다

니고데모는 예수님께서 거듭나야 한다는 말씀을 들을 때 몹시 당황해했습니다. 그는 사람이 물과 성령으로 다시 태어난다는 말을 도무지 이해할 수 없었습니다. 바로 이런 니고데모에게 하신 말씀이 그 다음 구절에 나옵니다. 7-8절을 봅시다.

> "내가 네게 거듭나야 하겠다 하는 말을 놀랍게 여기지 말라 바람이 임의로 불매 네가 그 소리를 들어도 어디서 와서 어디로 가는지 알지 못하나니 성령으로 난 사람도 다 그러하니라."

예수님은 성령으로 거듭난다는 것은 바람이 불어오는 것과 같다고 말씀하십니다. 공교롭게도 바람에 해당하는 희랍어 단어는 "프뉴마"(πνεύμα)인데 바람으로도, 성령으로도 번역되는 단어입니다. 히브리어 "루아흐"(רוח)도 마찬가지입니다. 왜 성령에 해당하는 단어가 바람으로도 번역이 될 수 있을까요? 저는 성령님의 성품이 바람 같다는 것을 나타내시기 위함이라고 생각합니다. 성령님은 어떤 분이십니까? 바람 같은 분이십니다. 성령께서는 바람같이 불어 어떤 사람을 거듭나게 하십니다. 바람이 오는 소리를 들을 수 있어도 어디서 와서 어디로 가는지 모르는 것처럼, 성령님께서 오실 때도 그 소리는 들을 수 있어도 어디서 와서 어디로 가는지를 알 수 없습니다.

좀 더 설명해 드리겠습니다. 우리가 교회에 와서 말씀을 듣습니다. 혹은 성경 공부를 합니다. 또 집에 돌아가 성경을 읽습니다. 설교를 듣습니다. 그러다가 어느 순간 성령님께서 오셨다는 느낌이 내 안에 일어납니다. 내 마음속에, 내 생각 속에 뭔가 변화가 일어났습니다. 그 변화의 소리를 내가 들을 수 있습니다. 그런데 정확히 언제 내가 이렇게 거듭나게 되었는지 나는 모릅니다. 내가 정말 하나님의 말씀을 들으면서, 읽으면서, 공부하면서 거듭나려고 애를 쓰지도 않았는데 도대체 어떻게 내 안에 이런 변화가 일어났습니까? 하나님 말씀이 듣고 싶어지고, 먹고 싶어지고, 공부하고 싶어지고, 반대로 하나님의 말씀을 먹고 마시지 않으면 배가 고프고 하는 등의 변화가 일어난 것입니다. 언제, 어떻게 해서 이런 변화가 일어나게 되었습니까? 성령님께서 영적 바람으로 내 마음에 불어오셨기 때문입니다.

사실 우리가 바람이라는 말을 사용할 때는 물리적인 바람만 지칭하는 것이 아닙니다. 올 여름 패션도 바람처럼 불어옵니다. 거리에 나가면 사람들이 거의 비슷한 패션들을 하고 다닙니다. 왜 이런 일이 일어날까요? 바람이 불어왔기 때문입니다. 시대정신(Zeitgeist)이라는 것도 마찬가지입니다. 괴테가 『젊은 베르테르의 슬픔』을 썼을 때, 유럽의 젊은이들은 베르테르와 같이 노란 조끼를 입고 권총으로 자살하는 것이 그 시대의 바람이었습니다. 그런데 이런 바람 중 어떤 바람은 좋고, 반대로 어떤 바람은 매우 좋지 않습니다. 지금 우리나라를 중심으로 일어나고 있는 강대국들의 힘겨루기 바람은 매우 좋지 않은 바람입니다. 그러나 어떤 바람은 유익한 바람입니다. 바로 성령님께서 일으키시는 거듭남의 바람입니다. 하나님께로 돌아가게 하는 바람입니다. 기도하는 바람입니다. 성경 읽기 바람입니다. 성경 공부하는 바람입니다. 함께 모이는 바람입니다. 흩어져 전도하는 바람입니다. 땅 끝까지 선교하는 바람입니다. 가난한 자들에게 나누어주는 바람입니다. 이런 모든 좋은 바람은 실제로 성령의 바람으로부터 시작합니다. 이런 성령의 바람은 가수 김

범룡의 〈바람, 바람, 바람〉이라는 노래의 가사에서처럼 "왔다가 사라지는 바람"이 아니라 반드시 우리를 거듭나게 만드는 바람입니다. 우리 가정에 불어오면 우리 가정이 거듭나고, 우리 교회에 불어오면 우리 교회가 거듭나고, 이 세상으로 불어오면 이 세상이 거듭나게 되는 것입니다.

그러면 성령의 바람은 어느 방향으로 붑니까? 말씀이 있는 곳으로 붑니다. 하나님의 말씀이 전파되는 곳으로 붑니다. 하나님의 말씀에 바람을 불어 넣어주기 위해서입니다. 그래서 그 말씀이 추진력을 가지고 우리들을 움직이게 만들어 거듭나게 하기 위해서입니다.

4. 거듭남에 대한 진리를 이해하지 못하는 니고데모

예수님께서 이렇게 말씀하시자 니고데모가 뭐라고 대답합니까? 9-10절을 봅시다.

"니고데모가 대답하여 이르되 어찌 그러한 일이 있을 수 있나이까 예수께서 이르시되 너는 이스라엘의 선생으로서 이러한 것들을 알지 못하느냐."

니고데모는 예수님께서 말씀하신 이런 일들이 결코 일어날 수 없다고 생각합니다. 즉 성령을 통해 말씀으로 사람이 거듭나는 일은 절대로 일어날 수 없다는 것입니다. 여기에 대하여 예수님께서 그를 책망하십니다. "너는 이스라엘의 선생이 아니냐? 그런데 이런 것들도 알지 못하느냐?"라고 말입니다. 구약을 연구하여 백성들에게 가르치는 선생이라는 사람이 여기에 대하여 알지 못한다는 것이 말이 되냐고 책망하시는 것입니다. 실제로 지난번에 말씀드렸던 것처럼 예레미야나 에스겔을 통하여 하나님께서는 말씀과 성령으로써 사람들이 거듭나는 새 시대가 도래할 것을 예언해주셨습니다. 구약의 선지자들은 하나님의 율법을 우리 마음에 새겨주고 새 영을 통하여 우리를 거룩하게 만들, 그런 새 시대가 메시야의 도래와 함께 임할 것을 예언하였습니다. 그러나 니고데모는 구약을 아무리 읽고 연구해도 이런 진리에는 캄캄했습니다. 말씀과 성령을 통하여 사람이 다시 태어날 수 있다는 이 진리에 대하여는 어느 정도만 성경을 공부했으면 다 알 수 있는데도 불구하고 니고데모는 전혀 모르고 있었던 것입니다. 왜 이런 안타까운 상황이 벌어졌을까요? 그를 지도해주었던 선생들이 잘못 가르쳐 주었기 때문입니다. 그가 속해 있는 유대교의 바리새파 랍비들은 행위를 구원의 조건으로 가르쳤습니다. 그리하여 행위 하나하나를 구체적으로 규정하고 여러 행위 수칙을 만들어 그것들을 지켜야만 거듭나 천국에 들어갈 수 있다고 가르쳤던 것입니다. 그들은 성경의 가르침을 불교의 가르침과 너무도 비슷하게 만들어 놓았습니다. 불교에서 말하는바 '까르마'(행위)의 준수 여부에 따라 환생과 열반이 정해진다는 가르침과 다를 바가 없습니다.

여러분, 니고데모는 인간은 반복적인 행위를 통하여 거듭나는 것이 아니라, 반복되는 말씀으로 거듭난다는 진리에 대하여 전혀 알지 못했습니다. 이런 일이 과연 니고데모 한 사람에게만 일어난 일이겠습니까? 선한 도리를 가르쳐 주고 그 가르침을 실행할 규칙을 정해 주어 실행하기만 하면 사람이 거듭날 수 있다고 말하는 종교가 바로 유대교, 불교, 유교, 이슬람교 등의 종교들입니다. 그리고 일반 세속철학도 이와 비슷합니다. 그러나 여러분, 반드시 알아야 할 것은 절대로 이런 행위들을 통하여 사람은 거듭나지 못합니다. 사람이 거듭나려면 하나님의 말씀을 들어야 합니다. 하나님의 말씀을 읽고 또 읽어야 합니다. 그 말씀을 듣고 읽고 공부하고 나갈 때, 바람 같은 성령께서 오셔서 우리 마음을 열고 우리 속의 묵은 때를 벗겨내고 우리를 새 사람으로 만드는 것입니다. 여러분 중에 나는 아직도 거듭나지 못했다고 생각 드시는 분들이 계십니까?

왜 그렇게 오래 교회를 다녔는데도 거듭나지 못해서 올해도 작년과 전혀 달라진 것이 없을까요? 그 이유가 무엇일까요? 교회는 다녀도 하나님의 말씀을 듣지 않기 때문입니다. 읽지도 않기 때문입니다. 공부하지도 않기 때문입니다. 사람이 거듭나는 것은 하나님의 말씀과 성령의 역사입니다. 다른 방법으로는 거듭나 천국에 들어갈 수 없습니다.

5. 거듭남의 비밀은 하늘에서 온 자만이 알 수 있습니다

예수님께서 이제 니고데모가 그런 한심한 수준에 머물러 있을 수밖에 없는 이유를 말씀하고 있습니다. 그 이유가 무엇이냐? 선생을 잘못 만나서 거듭남에 대하여 전혀 몰랐던 것입니다. 여러분, 내가 거듭나기 위해서는 선생을 잘 만나야 합니다. 명문 고등학교가 되려면 좋은 학생, 좋은 학부모님들이 있어야 하지만 그전에 반드시 좋은 선생님들이 있어야 합니다. 좋은 선생이 없는데 어떻게 학생이 좋아질 수 있겠습니까? 유감스럽게도 니고데모가 배웠던 선생들은 모두 하늘의 일에 대하여 캄캄한 사람들이었습니다. 그들은 땅의 일만 아는 사람들이었습니다. 심지어는 땅의 일도 제대로 알지 못하는 사람들이었습니다. 예수님 이전에 왔던 유대교의 선생들은 모두 한결같이 하늘의 일에 대하여 무지한 사람들이었습니다. 그 이유는 그들이 하늘에서 온 자들이 아니었기 때문입니다.

여러분, 하늘에서 온 사람만이 하늘의 일을 가르칠 수 있습니다. 그 나라에서 살다 온 사람만이 그 나라의 일을 말해 줄 수 있습니다. 평생 문학의 물을 먹어 온 사람만이 문학의 비밀을 말해 줄 수 있습니다. 마찬가지로 하늘에서 온 사람만이 하늘의 일을 알 수 있습니다. 왜 그렇습니까? 그는 거기에서 하늘의 일을 보고 들었기 때문입니다. 11절을 함께 읽어봅시다.

"진실로 진실로 네게 이르노니 우리는 아는 것을 말하고 본 것을 증언하노라 그러나 너희가 우리의 증언을 받지 아니하는도다."

예수님과 그의 종 사도 요한은 지금 보고 들은 것을 증언하고 있습니다. 그런데 사람들은 사도들과 요한의 증언을 들으려 하지 않습니다. 그러고선 자꾸 그가 하늘에서 온 사람임을 나타내주는 표적을 보여 달라고 합니다. 그가 전하는 말씀은 경청하지 않으면서 "왜 당신은 백성들로 하여금 보고 믿게 하는 표적을 행치 않느냐"고 말합니다. 그때나 지금이나 사람들은 설교자들에게 말만 하지 말고 행동으로 보여 달라고 요구합니다. 행동으로 보여 달라는 말이 잘못된 것은 아니지만, 문제는 그들은 지금 자신들이 듣고 있는 복음의 말씀, 거듭남의 말씀, 천국 말씀을 듣지 않으려 한다는 것입니다. 왜 그렇습니까? 그들이 듣고 싶어 하는 것은 하늘의 말씀이 아니라 땅의 말씀이기 때문입니다. 이 땅을 살아가는 데 필요한 말씀이기 때문입니다.

그런 사람들은 선입견의 수건을 쓰고 있기 때문에 하나님 나라에 대한 가르침 중 가장 초보적인 가르침인 중생의 진리를 얘기해도 알아듣지 못합니다. 시골에서 신앙생활하는 할머니도 알아들을 수 있는 진리를, 서울에 살고 있는 고학력 소지자들이 모르고 있는 가슴 아픈 일이 벌어지고 있는 것입니다. 아무리 가르쳐도 배우지를 못하고 계속하여 "어떻게 사람이 물과 성령으로 거듭날 수 있느냐. 그러려면 다시 어머니 뱃속으로 들어가야 하는 것이 아니냐"고 고개를 흔들고 있는 것입니다.

6. 거듭남의 비밀을 알지 못하는 자는
십자가와 부활의 진리를 알지 못합니다

예수님은 니고데모가 이해하는 수준을 보며 정말 답답해하십니다. 12절을 봅시다.

"내가 땅의 일을 말하여도 너희가 믿지 아니하거든 하물며 하늘의 일을 말하면 어떻게 믿겠느냐."

예수님은 그에게 땅의 초보적인 진리를 가르쳐도 못 알아듣는데 앞으로 가르칠 더 고등한 진리를 가르치면 어떻게 알아듣겠느냐고 말씀하십니다. 13절을 읽어봅시다.

"하늘에서 내려온 자 곧 인자 외에는 하늘에 올라간 자가 없느니라."

여기서 예수님은 성육신의 진리와 승천의 진리를 암시하고 있습니다. 예수님께서는 앞으로 본격적으로 시작하실 십자가와 부활의 사역을 언급합니다. 예수님께서 이제 조금 있으면 십자가에 못 박혀 죽을 것을, 그리고 장사한 지 삼 일 만에 다시 살아나실 것을 말씀하십니다. 그리고 누구든지 구원을 받고 싶어 하는 사람은 십자가에 못 박혀 죽으시고 부활하신 예수님을 쳐다보면 구원을 얻을 것이라고 말씀해 주십니다. 그러면서 이 사실을 이해시키기 위해서 모세가 광야에서 뱀을 장대에 매단 사건(민 21:4-9)을 꺼내십니다. 14절을 봅시다.

"모세가 광야에서 뱀을 든 것 같이 인자도 들려야 하리니."

애굽을 탈출하여 광야 길을 걷고 있던 이스라엘 백성들은 하나님 아버지를 격노케 하는 범죄를 자행했습니다. 그로 인해 하나님께서는 진노하셔서 뱀을 그리로 보내시어 그들이 뱀에 물려 죽게 하셨습니다. 모세는 이를 보며 이스라엘 백성을 살려달라고 기도합니다. 그때 하나님께서 그들에게 살 수 있는 길을 알려준다고 말씀하십니다. 그러면서 장대에다 구리 뱀을 달고 그것을 모든 사람들이 볼 수 있을 정도로 높이 쳐 달라고 명하십니다. 그리고 장대에 매인 구리 뱀을 쳐다 본 사람은 누구든지 구원을 받을 것이라고 말씀하십니다.

　예수님은 이 말씀처럼 자신이 죄인들의 죄짐을 짊어지시고 십자가에 못 박히실 것을 말씀하십니다. 그리고 장사한 지 삼 일 만에 부활하실 것을 예언하십니다. 누구든지 십자가에 못 박힌 자신을 쳐다보면 살 것이라고 말씀하시는 것입니다. 누구든지 십자가에 못 박힌 당신을 믿으면 죄 용서 받고 영생을 얻을 것이라고 약속하십니다. 15절을 봅시다.

"이는 그를 믿는 자마다 영생을 얻게 하려 하심이니라."

　예수님께서는 이 말씀으로 자신이 이 땅에 오신 목적을 분명히 하고 있습니다. 그가 왜 이 땅에 오셨는가? 사람들이 자신을 믿어 죄 용서 받고 영생을 얻게 하기 위함이라는 것입니다. 이렇게 세상을 구원할 사람이 오실 것이라고 구약에서 이미 예언하고 있는데 당신이 바로 그 사람, 곧 메시야라는 사실을 알려주신 것입니다. 그리고 자신을 믿고 거듭나 죄용서 받고 영생을 받으라고 말씀하시는 것입니다.

7. 결론

　우리는 거듭남의 주제를 가지고 펼쳐지는 예수님과 니고데모의 대화를 세 장에 걸쳐 살펴보았습니다. 니고데모는 거듭나기만 하면 너무나도 알아듣기 쉬운 예수님의 거듭남에 관한 가르침을 아직 거듭나지 않았기 때문에 이해하는 것에 몹시 힘들어하고 있습니다. 그는 유대인의 선생이었지만 아직 거듭나지 않았습니다. 그러므로 물과 성령으로 거듭난다는 거듭남의 비밀을 모릅니다. 그리고 성육신의 비밀도, 십자가와 부활의 비밀도, 재림 승천의 비밀도 모릅니다. 아는 사람에게는 너무도 쉬운 내용인데 아직도 거듭나지 않았으니 아무것도 모르는 것입니다. 비록 이스라엘의 선생일지라도 말입니다.

　이 안타까운 상황은 그때 그 밤에 예수님을 찾아온 손님인 니고데모에게만 일어났던 상황일까요? 아마 어쩌면 여기 앉아 말씀을 듣는 우리들 대부분에게도 해당될 수도 있습니다. 우리 역시 거듭나지 않은 니고데모 같을 수 있습니다. 더군다나 예수님을 수십 년 믿었어도 아직 거듭나지 않은 사람일 수 있습니다. 아직 거듭나지 않았다면 어디서부터 시작할까요? 다시 성경을 붙잡으십시오. 적어도 올해 안에는 성경을 일독하십시오. 성경에서 제시하신 중생의 길인 예수님을 믿으십시오. 그러면 거듭난 사람이 되어 있을 것입니다. 그리고 놀라운 새 세상인 천국이 보일 것입니다. 이런 복을 받아 누리는 우리 모두가 되시기를 주의 이름으로 축원 드립니다.

하나님의 사랑 (1)

요한복음 3:16-21

지난 장에서 우리는 거듭남의 주제를 가지고 전개되는 예수님과 니고데모와의 대화를 살펴보았습니다. 예수님께서 보실 때 니고데모는 적어도 다음의 세 가지 사실을 모르고 있었습니다. 첫째, 하늘나라에 들어가려면 거듭나야 한다는 사실을 몰랐습니다. 둘째, 어떻게 거듭나야 할지에 대하여 몰랐습니다. 그래서 물과 성령으로 거듭난다는 말을 들었을 때 물리적 현상으로 이해하려 했습니다. 셋째, 자신의 행위가 아닌 하나님의 아들 독생자를 믿음으로 구원을 얻는 진리를 이해하지 못했습니다. 그는 구원은 자기 안에 있는 능력으로 선행을 함으로써 이루어진다는 선입견을 가지고 있었습니다.

예수님은 그에게 이러한 오류를 지적한 후에 이제 니고데모가 모르고 있는 결정적인 사실을 알려주십니다. 그것이 바로 우리가 오늘 읽었던 본문이면서 성경 66권 중에서 가장 잘 알려진 구절인 요 3:16입니다. 니고데모의 결정적인 문제점은 구원은 오직 하나님의 사랑을 통해서만(*sola amore Dei*) 이루어진다는 사실을 몰랐다는 것입니다. 그는 구원은 인간 편에서 선한 행위를 통해 하나님의 마음을 만족시킴으로써가 아니라, 하나님 편에서 인간을 사랑하심 때문에 일어난다는 사실을 알지 못했습니다. 그는 오랫동안 유대교에 몸담아 왔고 유대교의 선생이 되었음에도 불구하고, 이런 기본적인 진리를 모르고 있었습니다.

예수님은 이제 본격적으로 구원의 첫 번째 원인이 되는 하나님의 사랑에 대하여 설명하시기 시작합니다. 바로 이런 배경에서 너무도 유명한 요 3:16이 말해지고 있는 것입니다. 여기서 요한은 자신의 신학의 전매특허와도 같은 하나님의 사랑에 대하여 전합니다. "하나님은 사랑이시다"라는 말씀은 요한 신학의 핵심입니다. 요한은 이 3장 16절을 통하여 하나님의 사랑이 어떤 사랑인지에 대하여 요약 정리해 주고 있습니다.

1. 하나님의 사랑은 아가페의 사랑입니다

오늘 말씀은 희랍어 원문으로는 "후토스 가르 헤가페션 호 테오스"(ουτως γαρ ηγαπησεν ο θεος)입니다. 원문의 순서대로 번역하면 "이와 같이, 이런 방식으로 사랑하셨습니다. 그 하나님께서"입니다. 희랍어에서 사랑이라는 단어는 "필레오"(φιλεω)가 있고 "에로스"(ερος)가 있습니다. 인간과 인간 사이에 대한 사랑이나 혹은 어떤 대상에 대한 사랑을 말할 때 이런 단어들을 씁니다. 여기에 비해 "아가페"(αγαπη)는 하나님의 사랑에 대하여 쓸 때에만 사용하는 단어입니다. 아가페의 사랑이란 어떤 사랑입니까? 신적인 사랑입니다. 하나님에게서 시작되고 그에게서 흘러나오는 사랑입니다. 사랑받을 대상을 차별하지 않고 하는 사랑입니다. 조건을 따지지 않고 베푸는 사랑입니다. 측정을 뛰어넘는 무한정 베푸는 사랑입니다. 도중에 중단함 없이 끝까지 베푸는 사랑입니다. 하나님께서 그런 아가페의 사랑으로 사랑하셨다고 말씀하십니다. 그런 다음 무엇을 그렇게 아가페의 사랑으로 하셨는지 목적어가 나옵니다. 하나님의 사랑은 인간의 사랑과 근본적으로 다릅니다. 종교개혁자 마틴 루터는 하이델베르크 토론(Disputatio Heidelbergae Habita, 1518)에서 인간의 사랑(amor hominí)과 하나님의 사랑(amor Dei)을 다음과 같이 정의합니다.

"인간의 사랑은 사랑받을 대상을 찾는다. 하지만 하나님의 사랑은 먼저 사랑받지 못하는 대상을 찾아서 그에게 사랑을 베푸시어 그가 하나님을 사랑하게 만든다(Amor hominis fit a suo diligibili, amor Dei non invenit, sed suum diligibile)."

2. 하나님의 사랑은 세상을 사랑하는 사랑입니다

요 3:16을 봅시다. 요한은 하나님이 "세상을"(τον κοσμον, 톤 코스몬) 사랑했다고 말합니다. "이 세상을"이라는 목적어에는 사랑의 범위와 속성이 담겨 있습니다. 하나님이 세상을 어느 범위까지 사랑하셨는가? 또한 하나님이 어떤 세상을 사랑하셨는가? 이 두 질문이 들어있습니다.

먼저, 하나님은 이 세상을 사랑하시되 이 세상의 일부가 아니라 이 세상 전체를 사랑하셨습니다. 하나님은 온 세상을 사랑하셨습니다. 유대인들만의 세상이 아니라 이방인들의 세상을 포함하여 온 세상을 사랑하셨습니다. 니고데모를 비롯해서 유대인들은 하나님은 자기 민족들만을 사랑하는 하나님이라고 말했습니다. 그러나 하나님의 사랑은 온 세상 사람들을 사랑하는 보편적이고 우주적인 사랑입니다. 또한 하나님의 사랑은 남자만을 혹은 여자만을 사랑하는 사랑도 아닙니다. 남녀노소 할 것 없이 모든 사람을 사랑하는 사랑입니다. 또한 바리새인이나 사두개인과 같은 종교집단만이 아니라 모든 집단을 포괄하는 사랑입니다. 하나님은 그들만의 세상이 아니라 우리 모두의 세상을 사랑하십니다. 예수님께서 "하나님께서 세상을 사랑한다"고 말씀하실 때는, 유대인들의 국수주의에 대하여 철저히 심판하시고자 하시는 의도와 하나님의 사랑의 우주적, 보편적 성격을 강조하려는 의도가 깔려있습니다.

여기서 우리가 주의할 점은 하나님께서 온 세상을 사랑하신다고 할 때, 하나님께서 이 세상에 있는 모든 사람을 한 사람도 빠짐없이 구원해 주신다는 뜻으로 해석해서는 안 됩니다. 어떤 사람들은 이 말씀을 잘못 해석하여 이 구절을 만인구원론의 근거로 내세우는데, 그것은 철저히 문맥을 무시한 자의적 해석입니다. 이런 보편구원론자들은 성경보다는 선험적 이성에 의하여 하나님은 모든 사람을 다 구원해 주셔야만 세상을 사랑하시는 하나님이 되실 수 있다는 추론에 근거하여 이런 주장을 펼치고 있습니다. 그러나 성경은 모든 사람이 다 구원을 받는 것은 아니라고 분명하게 말씀합니다. 이 사실은 요한복음만 읽어보아도 분명하게 드러납니다. 이후에 구체적으로 살펴보겠지만 특정한 사람들에 대한 선택과 예정에 관하여 가장 강력하게 증거하는 구절들(요 3:20-21, 15:16)이 대부분 이 요한복음에서 집중적으로 나옵니다. 그러므로 하나님이 세상을 사랑하셨다는 말씀은 하나님은 유대인들 중에서 뿐만이 아니라, 이 우주 안에 있는 모든 족속들 중에서 선택되고 예정된 사람들을 사랑하셨다는 말씀으로 이해해야 합니다.

하나님께서 세상을 사랑하셨다는 이 말씀에 담긴 또 한 가지의 의도를 살펴보겠습니다. 이 말씀은 하나님께서 어떤 세상을 사랑하셨는가에 대해서도 말하고자 합니다. 인간이 타락한 이유로 세상은 하나님에 대하여 무례하게 행하는 세상, 하나님에 대하여 적대하는 세상이 되었습니다. 세상 사람들은 세상의 어떤 것들에 대해서 얘기할 때는 호와 불호로 의견을 나타내지만, 하나님에 대한 얘기로 옮겨가면 공격적이고 적대적으로 변합니다. 세상이 하나님에 대하여 어떤 자세들을 갖고 있는지 간단히 정리해 봅시다.

세상은 하나님에 대해서는 호의적이지 않고, 도리어 마귀에 대해서는 호의적입니다. 세상은 하나님께 순종하기보다는 지금 불순종의 아들들 가운데 역사하는 공중의 권세 잡은 자를 따릅니다(엡 2:2). 성경은 하나님을 알 만한 것이 우리 양심 안에도 있고, 이 세계의 피조물들 속에 나타나 있어서 핑계치 못한다고(롬 1:19ff.) 분명히 말하지만 세상 사람들은 하나님은 없다고 억지 주장을 폅니다. 세상의 많은 사람들은 무신론자임을 자처하고 살아갑니다. 다윈의 진화론이 요즈음 들어 르네상스를 맞이하고 있습니다. 진화론자들은 신이 세상을 만든 것이 아니라, 종과 종의 적자생존의 투쟁에 의한 자연선택으로 세상은 진화되어 온 것이라고 말합니다. 최근 들어서 이성적인 신이 이 세계를 설계하여 지으셨다는 지적설계론주의자들과 이 세상은 진화에 의하여 자연선택으로 진화되었다는 진화론주의자들이 피 터지게 싸우고 있습니다. 『만들어진 신』이라는 책으로 유명해진 도킨스는 그의 논문에서 외계에 오랜 시간 동안 진화로 인하여 신적인 존재로 발전된 한 신적 존재가 있을 수 있는데, 그 외계에 사는 신이 바로 이 세상의 처음을 시작할 수 있었다고까지 말하고 있습니다.

세상의 하나님에 대한 불경건은 이뿐만이 아닙니다. 신은 인간이 자신들의 소원을 투사해 만들어낸 한 상(象)일 뿐이라고 주장하는 사람들도 있습니다. 반대로 신의 존재를 인정하면서도 신에게 따지는 사람들도 있습니다. 소위 저항적 무신론자들입니다. '신이 계신다면 어떻게 이 세상에 이처럼 악이 버젓이 존재하고 있는가? 이 세상에 이처럼 많은 부조리들이 존재할 수 있는가?'라고 이들은 신에게 항의합니다. 혹은 신을 반대하지 않고 옹호하는 입장에 서 있으면서도 신에게 불경을 행하는 사람들도 있습니다. 또 어떤 이들은 하나님을 인간의 할 수 없는 것들을 보충해주시는 분으로 만들어 섬기고 있고, 어떤 이들은 신은 이 세상을 창조만 했지 이후로 더 이상 이 세상에 관여하지 않는다고 주장합니다. 이 밖에도 신은 실제로 있는지 없는지 증명할 수 없는 분이지만, 그래도 신이 있어야만 하는 것은 인간 사회가 도덕 사회가 되려면 상벌 개념이 필요하기 때문에 신의 존재가 요청된다고 말하는 사람들도 있습니다. 이 세상의 많은 사람들이 각각 신에 대하여 말하고 있습니다. 그러나 그들이 하나님에 대하여 말하는 얘기를 들어보면 하나님에 대한 사랑이 거의 없습니다. 하나님에게 후하게 점수를 준다 해도 10점 만점에 1점 정도입니다. 세상의 하나님에 대한 태도가 바로 이렇습니다. 여러분, 우리가 하나님이라면 과연 이런 세상을 사랑할 수 있을까요? 하물며 하나님께서 이런 불경건한 세상을 사랑하실 수 있을까요? 굳이 이런 악한 세상을 사랑해야 되나요? 그런데 놀랍게도 성경은, 특히 오늘 말씀은 하나님께서는 이런 세상을 사랑하셨다고 기록합니다. 하나님께서 어떤 사랑으로 사랑했는가? 바로 아가페의 사랑으로 사랑했다는 것입니다. 그렇다면 어느 정도 사랑하셨는가? 자기 아들을 주시기까지 사랑하셨다고 말씀하고 있습니다.

3. 하나님의 사랑은 자기 아들을 주신 사랑입니다

"호스테 톤 휘온 톤 모노게네 에도켄"(ωστε τον υιον τον μονογενη). "호스테"(ωστε)는 두 가지 뜻으로 번역할 수 있는데, 먼저 "정도"로 번역할 수 있습니다. 영어로 정도를 나타내는 that, 혹은 so that으로 번역할 수 있습니다. 하나님께서 어느 정도로 세상을 사랑하셨는가? 자신의 독생자를 주실 정도로 사랑하셨다는 것입니다. 하나님께서 너무도 불경건하여 심판을 받아 마땅한 세상을 어느 정도로 사랑하셨는가? 자신의 독생자를 내어주실 정도로 사랑하셨다는 것입니다. 두 번째 "호스테"는 "분량"으로도 번역할 수 있습니다. 영어로 so much입니다. 이 세상을 얼마만큼 사랑하셨는가? 자신의 독생자를 주실 만큼 그렇게 많이 사랑하셨다는 말씀입니다. 하나님께서는 독생자를 자신에 대하여 온갖 돌팔매질을 해대는 세상을 위하여 내어주셨습니다. 이 사랑이 바로 하나님의 사랑입니다.

4. 하나님의 사랑은 세상을 구원하는 사랑입니다

세상에서는 나중에는 결국 멸망시킬 생각을 하면서 지금은 사랑을 베풀기도 합니다. 이러한 사랑은 깡패 조직에서 이루어지는 사랑입니다. 아프카니스탄의 무장폭력단체 탈레반과 같은 정치 집단에서의 사랑입니다. 매우 잘못된 가치관을 지닌 부모의 자식 사랑입니다. 그러나 하나님의 사랑은 당신을 대적하는 세상을 구원하시는 사랑입니다.

"이는 그를 믿는 자마다 멸망하지 않고 영생(ζωην αιωνιον, 조엔 아이오니온)을 얻게 하려 하심이라"(16).

하나님은 이 세상이 멸망당하지 않고 영생을 얻도록 하시기 위하여 이 세상을 사랑하셨습니다. 한편 이 세상 사람들은 하나님께서 세상을 멸망시킨다고 아우성을 치고 삿대질을 하고 있습니다. 그러나 이 세상을 멸망시키는 것은 하나님이 아니고 인간입니다. 지구 파괴의 주범들은 메뚜기나 고래가 아니고 인간입니다. 인간이 세상을 멸망시키고 있습니다. 지구온난화를 비롯한 환경 파괴의 주범들은 인간들입니다. 도리어 하나님께서는 이 세상을 보호해주시고 멸망으로부터 지켜주십니다. 왜냐하면 이 세상은 하나님께서 사랑하신 세상이기 때문입니다. 독생자를 보내주실 정도로 사랑하신 세상이기 때문입니다. 하나님은 왜 그 아들을 세상에 보내셨습니까? 17절을 읽어봅시다.

"하나님이 그 아들을 세상에 보내신 것은 세상을 심판하려 하심이 아니요 그로 말미암아 세상이 구원을 받게 하려 하심이라."

하나님은 이 세상을 심판하시기 위하여 그 아들을 보내시지 않으셨습니다. 이미 정죄 받고, 이미 심판받고, 이미 불안하고 혼돈하고, 이미 쫓기고 죽어가는 세상에 대하여, 마지막으로 당신의 아들을 보내시어 최후의 심판의 검을 휘두르기 위하여 보내신 것이 아니라는 것입니다. 세상 사람들은 이미 죄 때문에 심판을 받았습니다. 죄악된 세상에 사는 것 자체가 심판입니다. 세상을 죄와 죽음과 심판이 없는 세상으로 만들기 위하여 정치가 생기고, 종교가 생기고, 철학이 생기고, 법이 생겨납니다. 그러나 세상을 살려야 할 이러한 수단들이 도리어 인간 세상을 더욱 더 죽을 세상으로 만들어 놓습니다. 만일 민주주의의 골격이 된다고 외쳐대는 선거가 없는 세상이 된다면, 영호남 사람들이 서로를 오늘처럼 미워하며 살아갈까요? 하나님을 믿고 사는 것을 족쇄로 생각하고 그 족쇄를 끊고 독립선언을 한 이 세상은 지금 어떤 세상이 되어 있습니까? 죄와 율법과 마귀와 죽음이라는 사슬에 묶여 꼼짝달싹 못 하는 세상이 되었습니다.

하나님께서 이런 세상을 어떻게 구원하셨습니까? 당신의 아들을 보내시어 그 아들에게 세상 죄를 짊어지게 하셨습니다. 그의 아들 예수님을 세상 죄를 지고 가는 하나님의 어린양이 되게 하셨습니다. 그리고 그 아들을 십자가에 못 박혀 대신 죽게 하셨습니다. 그 아들의 피로 세상이 하나님께 지은 모든 죄를 청산하게 하셨습니다. 세상의 죄는 그 아들에게 돌리고, 그 아들의 의는 세상에 돌리는 '놀라운 교환'(wonderful exchange)을 하신 것입니다. 그래서 이 세상에 사는 누구든지 이 아들을 믿고 구원을 얻도록 하신 것입니다. 이 아들을 믿어 멸망하지 않고 영생을 얻도록 하신 것입니다. 이것이 바로 하나님의 사랑입니다. 하나님의 사랑은 세상을 멸망시키는 사랑이 아니라 세상을 구원하는 사랑입니다.

5. 결론

우리가 사는 세상은 경제적으로는 매우 부요한 사회이면서도 동시에 가장 불안한 세상입니다. 온갖 죄악이 관영하는 가장 혼돈한 세상입니다. 이 세상이 어떻게 구원을 받을 수 있습니까? 이 혼돈의 세상은 오직 하나님의 사랑을 통해서만 구원을 얻을 수 있습니다. 독생자를 보내주시기까지 사랑하신 그 하나님의 사랑을 통해서만 이 세상은 구원을 받습니다. 오늘날 세상은 하나님의 사랑의 피의 수혈이 절대적으로 필요한 세상입니다. 하나님의 사랑이 있는 세상이 될 때 세상은 비로소 사랑이 넘치는 세상이 될 수 있습니다. 하나님의 사랑을 통해서만 우리가 사는 이 세상은 아름다운 세상이 될 수 있습니다.

세상이 이처럼 죄가 많고 추하게 보여도 아직도 아름다운 세상입니다. 왜 아름답습니까? 하나님의 사랑을 받는 세상이기 때문입니다. 세상이 아름답기 때문에 하나님의 사랑을 받는 것이 아니라 하나님의 사랑을 받는 세상이기 때문에 아름다운 것입니다. 여기에 대해 종교개혁자 루터는 하이델베르크 토론에서 다음과 같은 유명한 말을 남겼습니다.

"죄인들이 사랑 받기 때문에 아름다운 것이지, 아름답기 때문에 사랑 받는 것이 아니다(*Ideo enim peccatores sunt pulchri, quia diliguntur, non ideo diliguntur, quia sun pulchri*)."

한 주간도 독생자를 주시기까지 세상을 사랑하신 하나님의 사랑을 묵상하면서 세상을 아름답게 보고, 아름답게 살아가시는 저와 여러분 되시길 주님의 이름으로 축원 드립니다.

하나님의 사랑 (2)

요한복음 3:16-21

1. 하나님의 사랑이라는 주제의 중요성

지난 장에서 우리는 우리가 거듭나 새사람이 될 수 있었던 근본적인 원인에 대하여 살펴보면서, 그 원인이 바로 "하나님의 사랑" 때문이라고 배웠습니다. 하나님께서는 죄 가운데 빠진 세상을 불쌍히 보시고 예수 그리스도를 보내주시어 우리가 그를 믿음으로 거듭나 새 생명을 받아 새롭게 살아가게 하셨습니다. 간단하게 말씀을 드리면, 하나님께서 세상을 사랑하셨기 때문에 인간이 구원을 받은 것입니다. 자신을 배반한 세상까지도 사랑하시는 하나님의 사랑이 있었기 때문에 세상이 구원을 받은 것입니다. 하나님께서 세상을 사랑하셨기 때문에 영생을 얻게 된 것입니다. 그러므로 우리는 하나님의 사랑을 좀 더 깊이 음미하고 좀 세밀하게 탐구해 보아야 합니다.

저는 이 장을 준비하는 동안 내내 요 3:16을 묵상하였고, 또 여러 주석가들의 주석을 보면서 그들이 하나님의 사랑을 어떻게 설명하고 있는지를 살펴보았습니다. 그런데 기대와는 달리 놀랍게도 하나님의 사랑에 대한 연구는 미미했습니다. 그러나 저는 이 주제가 좀 더 깊이 탐구되어야 한다고 생각합니다. 이 주제는 성경 전체를 이해하는 데 있어서도, 또 지금과 같은 혼란한 세상을 살아가는 데 있어서도 너무나도 중요한 주제이기 때문입니다.

우리는 소중한 것을 가지게 되면 그것을 다방면으로 탐구해보며 사용합니다. 예를 들어서 스마트 폰을 가졌다고 생각해 봅시다. 스마트 폰을 사서 단지 전화만 거는 사람은 거의 없을 것입니다. 스마트 폰이 가진 기능은 정말 많습니다. 저는 그중에 아주 적은 기능만 알고 활용하고 있습니다. 전화를 걸고 받습니다. 영상으로 통화를 합니다. 인터넷을 연결해서 사용합니다. 일정표와 알람을 활용합니다. 메모장과 다이어리도 활용합니다. 그리고 여러 앱을 다운로드해 사용합니다. 여러 종류의 성경의 역본들과 찬송도 다운로드해 사용하고 있습니다. 여러 종류의 사전들도 활용합니다. 책들도 입력하여 꺼내 읽습니다. 그리고 사진도 찍고 유튜브도 봅니다. 이처럼 스마트 폰이 가진 기능은 정말 다양합니다. 그런데 저는 이 기능들 중 아주 적은 부분만 알고 사용합니다. 만일 그 기능들을 좀 더 알고 사용한다면 저는 지금보다 더 편리한 생활을 할 수 있을 것입니다.

우리가 하나님의 사랑을 말할 때도 동일하게 해당됩니다. 우리는 대체로 기독교 신앙을 가지기 시작할 때 하나님의 사랑을 많이 얘기합니다. 그리고 그 사랑을 감사하고 찬양하기도 합니다. 그러나 신앙생활이 계속되면서, 우리는 하나님의 사랑보다는 하나님의 사역과 열매들, 그리고 그 열매들을 우리가 어떻게 가질 수 있는지에 초점을 맞추게 됩니다. 이는 마치 나무를 보는 사람이 그 나무가 가진 성질들을 연구하고 나무의 외모와 열매들에만 관심을 가지는 것과 같습니다. 사람들은 이 나무가 어떻게 심겼는지, 누가 어떤 생각을 가지고 이 나무를 심었는지, 나무 심는 사람이 어떠한 사랑을 가지고 나무를 심게 되었는지에 대하여는 생각하지 않습니다. 나무가 있기 전에 나무를 심은 사람이 있었습니다. 그리고 그 나무를 심은 사람은 정말 큰 애정을 가지고 나무를 심었을 것입니다. 우리는 그 나무 심은 사람의 마음을, 그가 가진 나무 한 그루 한 그루에 대한 사랑을 읽을 때, 그 나무를 귀하게 여기고 사랑할 것입니다. 그리고 그 나무를 소중히 여겨서 열매 하나를 따도 감사함으로 따서 먹을 것입니다.

　서론이 길었습니다. 우리는 우리가 얻은 구원을 생각할 때, 우리를 구원해 주신 하나님을 생각해야 합니다. 그분의 생각을 알아보아야 합니다. 그리고 무엇보다 우리를 사랑하신 하나님의 사랑을 탐구해 보아야 합니다. 하나님의 사랑을 알고 그 사랑으로 사랑받아왔음을 느끼게 될 때, 우리는 정말 구원의 샘에서 물을 길어 마시는 것과 같은 신선함을 경험할 것이고, 일종의 영적 카타르시스를 경험하게 될 것입니다.

2. 하나님의 사랑

　지난 장에서 우리는 하나님의 사랑이 가진 몇 가지 속성들을 살펴보았습니다. 첫째, 하나님의 사랑은 아가페의 사랑이라고 말씀 드렸습니다. 자신을 위하여 대상을 사랑하는 사랑이 아니라, 대상을 위하여 자기를 포기하는 사랑이 아가페의 사랑입니다. 둘째, 하나님의 사랑은 세상을 사랑하는 사랑이라고 말씀드렸습니다. 하나님께서 사랑하시는 세상은 특정 민족, 특정 지역, 특정 그룹만이 아니라 온 세상 민족, 온 세상의 영토, 그리고 온 세상에 사는 모든 그룹을 지칭한다고 말씀드렸습니다. 하나님이 사랑하는 세상은 그들만의 세상이 아니라 우리들 모두의 세상입니다. 셋째, 하나님의 사랑은 독생자를 보내주신 사랑이라고 말씀을 드렸습니다. 독생자를 보내주실 정도로, 독생자를 보내주실 만큼 사랑하신 사랑이었습니다. 마지막으로 하나님의 사랑은 세상을 멸망시키기 위한 사랑이 아니라 세상을 구원하는 사랑이라고 말씀을 드렸습니다.

오늘 우리는 하나님의 사랑의 또 하나의 특성인 "주시는 사랑"에 대하여 살펴보고자 합니다. 본문 말씀에서 예수님은 "하나님이 세상을 이처럼 사랑하사 독생자를 주셨으니"(16)라고 말씀하십니다. "주셨다"는 단어는, 원문으로 "에도켄"(εδωκεν)인데, 주다는 뜻을 가진 "디도미"(δίδωμι) 동사의 부정과거형으로 과거에 단 한 번 일어난 사건을 말할 때 쓰는 시제입니다. 영어로는 대부분의 역본이 "gave"로 번역했고, 우리말로는 "주셨으니"로 번역했습니다. 종합하면 하나님의 사랑은 어떤 사랑일까요? 주시는 사랑입니다.

하나님은 독생자만을 우리에게 주신 것이 아닙니다. 전에도 지금도 수없이 많은 것을 주셨습니다. 또 앞으로도 우리가 상상하는 것보다 천 배나 만 배나 더 주실 것입니다. 하나님께서는 우리가 생각하는 것보다 더 우리를 사랑하시기 때문입니다. 하나님은 우리를 사랑하시므로 우리에게 모든 것을 주십니다. 우리를 위하여 세상을 창조해 주셨습니다. 우리를 사람으로 만들어 주셨습니다. 하나님의 형상을 부여해 주셨습니다. 하나님의 사랑을 배반한 우리를 다시 찾아와 주셨습니다. 불쌍히 여겨 주셨습니다. 죄에 빠진 우리를 구원해 주시기 위하여 그 아들을 보내주셨습니다. 그 아들이 흘리신 고귀한 피로 우리 죄를 가려주셨습니다. 우리 죄를 용서해(forgive) 주셨습니다. 그 아들을 믿도록 믿음을 주셨습니다. 믿는 우리를 구원해 주셨습니다. 당신의 양자로 삼아주셨습니다. 그 아들의 모든 것을 우리에게 상속해 주셨습니다. 모든 좋은 것들을 내려주셨습니다. 성령을 보내주셨습니다. 성령으로 우리를 위로해주셨습니다. 싸매 주셨습니다. 보호해 주셨습니다. 칭찬해 주셨습니다. 격려해 주셨습니다. 허물을 덮어 주셨습니다. 우리에게 의와 평강을 선물해 주셨습니다. 우리에게 영생을 주셨습니다.

무엇보다 하나님은 우리를 사랑하시므로 우리에게 말씀을 주셨습니다. 하나님의 말씀은 하나님께서 우리 인간들에게 내려주신 최고의 선물입니다. 우리 인간은 말(Logos)로 사는 피조물입니다. 사람이 떡으로만 사는 것이 아니라, 하나님의 입에서 나오는 모든 말씀으로 살 수 있습니다. 만일 하나님께서 우리에게 모든 것을 다 주셨는데 한 가지 그분의 말씀을 주시지 않으셨다면, 우리는 정말 불행했을 것입니다. 그러나 하나님은 우리에게 당신의 정금 같은 말씀들을 주셨습니다. 지금 우리가 가진 성경을 주셨습니다. 그뿐만 아니라 마지막 선물로서 독생자 예수님 자신을 주셨습니다. 예수님은 육신을 입고 오신 하나님의 말씀이십니다. 하나님께서 우리 인간에게 내려주신 최고의 선물은 바로 화육되신 독생자 예수님이십니다. 왜 하나님께서 예수님을 우리에게 보내주셨습니까? 하나님이 세상을 이처럼 사랑하셨기 때문입니다. 사랑하시지 않으셨다면 그 아들을 보내주시지 않으셨을 것이라는 말씀입니다.

요약해 봅시다. 하나님의 사랑은 주시는 사랑입니다. 우리가 하나님의 주시는 사랑을 제대로 안다면, 우리 역시 주는 사람으로 변화될 것입니다. 우리가 가진 모든 것이 다 주께서 주신 것임을 알고, 우리 역시 하나님의 것을 가지고 다른 사람들에게 나누어 주는 사람이 될 것입니다. 사랑은 주는 것입니다. 내려주고, 나눠주고, 대가를 바라지 않고 주고, 줄 수 있을 만큼 주고, 퍼주고, 더 퍼주고, 다 퍼주고 마는 것이 사랑입니다. 칭찬해 주고, 격려해 주고, 보살펴주고, 품어주고, 봐주고 등 모든 것을 주는 것입니다.

여러분, 하나님의 사랑을 받으셨습니까? 그러면 주는 삶을 사십시오. 매일 매일 무엇이든 주는 삶을 사십시오. 누구를 만나든 줄 것이 없는가를 찾으십시오. 줄 것이 없다면 찾아보십시오. 찾으셨다면 즉시 주십시오. 여러분의 장롱 속에 꼭꼭 숨겨 놓은 것들을 꺼내 어려운 이웃들에게 찾아가 나눠 주십시오. 무엇이든 주고, 닥치는 대로 주고, 뒤돌아보지 말고 주고, 묻지도 따지지도 말고 주십시오. 주는 것이 하나님의 사랑이기 때문입니다. 하나님의 사랑을 받았기 때문에 주는 것입니다.

무엇보다 복음을 전해주십시오. 이것이 하나님의 사랑을 전하는 최고의 표현입니다. 사람이 먹을 것을 받아 먹어보아도, 읽을 것을 받아 읽어보아도, 금방 또 주릴 뿐입니다. 우리에게 영원히 배부르게 만드는 것은 사랑의 하나님께서 사랑으로 지어주신 밥인 하나님의 말씀밖에 없습니다. 예수님은 하나님께서 우리를 사랑하시어 하늘에서 내려주신 생명의 양식입니다. 사람은 누구나 이 하늘에서 내려주신 생명의 양식을 먹어야만 배부를 수 있습니다. 예수님을 영접하고 그분의 말씀을 먹고 마셔야만 영생의 삶을 살 수 있습니다. 단 하루를 살아도 삶다운 삶을, 즉 영생을 살아갈 수 있습니다.

사람들은 먹고 마시는 문제가 별것이 아니라고 말합니다. 그러나 그렇지 않습니다. 먹고 마시는 문제는 너무도 중요합니다. 요즈음 다시 주목을 받고 있는 마르크스는 이 점을 예리하게 지적해 주었습니다. 역사 발전의 동인이 무엇이냐? 신의 뜻이냐? 아니면 인간이 만든 이념이냐? 그는 둘 다 아니라는 것입니다. 먹고 마시는 문제로 서로 다투고 싸우면서 역사는 발전해왔다는 것입니다. 먹고 마시는 문제를 해결하기 위하여 싸우다 보니, 타 회사와 경쟁에서 싸워 이기려다 보니, 스마트 폰이라는 것도 출현했다는 것입니다. 먹고 마시는 문제가 해결되어야만 인간다운 삶을 살 수 있다는 것입니다. 즉 학교도 가고, 교회도 가고, 극장도 가고, 데이트도 하고, 소위 문화생활을 한다는 것입니다. 핵심이 무엇입니까? 먹고 마시는 것이 행복한 인간의 삶을 영위하기 위한 근본(fundamental) 원인이라고 말하는 것입니다.

성경은 먹고 마시는 문제를 어떻게 평가하고 있습니까? 놀랍게도 대단히 중요하다고 평가하고 있습니다. 솔로몬의 입을 통해 말해진 하나님의 말씀을 들어볼까요? "사람이 사는 동안에 기뻐하며 선을 행하는 것보다 나은 것이 없는 줄을 내가 알았고 사람마다 먹고 마시는 것과 수고함으로 낙을 누리는 것이 하나님의 선물인 줄을 또한 알았도다"(전 3:12-13). 그러면 신약에서는 다르게 말하니까? 예수님은 "사람이 떡으로만 사는 것이 아니라 하나님의 입에서 나오는 모든 말씀으로 산다"(마 4:4)라고 분명히 말씀하셨습니다. 사람이 떡을 먹어야만 산다는 것을 분명히 강조하고 있습니다.

우리가 살펴보고 있는 요한복음에서도 먹고 마시는 문제가 가장 큰 이슈로 다루어지고 있습니다. 하나님은 예수님을 왜 보내주셨는가? 우리로 먹고 마시도록 하기 위함입니다. 육의 양식의 귀중함을 일깨우기 위해서입니다. 그래서 예수님은 하나님이셨지만 먹고 마셨고 잔치집에도 찾아가셨습니다. 그리고 오병이어의 기적을 통하여 백성들을 먹고 마시게 하셨습니다.

그러나 예수님은 이 육의 양식을 먹고 마심으로 인간은 영생할 수 없다고 분명히 선을 그었습니다. 예수님은 사마리아 여인과의 대화에서 "이 물을 먹는 자는 다시 목마를 것이다"(요 4:13)라고 분명히 말씀하셨습니다. 이어 "내가 주는 이 물을 마시는 자는 영원히 목마르지 않을 것이다"(14)라고 말씀하셨습니다. 예수님은 사람이 진정으로 영생의 삶을 살려면 하나님께서 하늘에서 내려주시는 생명의 양식인 자신의 살과 피를 먹고 마셔야 한다고 말씀하셨습니다. 바로 이런 이유에서 예수 그리스도에 관한 복음의 말씀을 전해주는 것이야말로 최상의 것을 주는 것입니다. 사람은 복음의 빵을 먹어야 참으로 행복해집니다. 그러므로 한 손에는 육신의 빵을, 한 손에는 영의 빵을 들고 다녀야 합니다. 육신의 빵으로 허기진 배들을 채워주고, 영의 빵으로 허기진 영혼을 배부르게 만들어 주어야 합니다. 우리는 두 종류의 빵을 함께 주어야 합니다.

하나님의 사랑은 어떤 사랑입니까? 주는 사랑입니다. 창조 때부터 지금까지 지속적으로 주신 사랑입니다. 그리고 마침내 독생자까지 주신 사랑입니다. 독생자를 통하여 죄인들을 구원해 주신 사랑입니다. 지금도 주시고 앞으로도 주실 사랑입니다. 이런 점에서 이 하나님의 사랑의 이야기는 "Never Ending Story"입니다. 그룹사운드 부활의 김태원이 작곡한 "Never Ending Story"가 있습니다만, 우리 가스펠 중에서도 "Never Ending Story"가 있습니다.

"아름다운 이야기가 있네 구세주의 사랑 이야기 영광스런 천국 떠난 사랑 나와 같은 죄인 구했네 주님의 그 사랑은 정말 놀랍네 놀랍네 놀랍네 주님의 그 사랑은 정말 놀랍네 나를 위한 그 사랑."

3. 하나님의 사랑은 믿는 자에게만 효력을 나타내는 사랑입니다

"이는 그를 믿는 자마다." 믿는다는 동사는 문맥에서 볼 때 받아들인다는 뜻으로 해석하면 더 실감나게 다가옵니다. 하나님의 사랑은 이 사랑을 믿는 자 즉, 하나님의 사랑의 총체이신 예수 그리스도를 받아들이는 사람에게는 구원을 선물해 주시는 사랑이지만, 거절하는 사람에게는 심판으로 갚아주는 사랑입니다. 사랑은 본래 사랑을 받아들이는 사람에게는 구원의 효과를 일으키지만 사랑을 받아들이지 않는 사람에게는 역효과를 냅니다. 여러분 가운데도 누구를 사랑하였지만 거절당한 경험을 하신 분이 계실 것입니다. 그때 그런 거절을 당하고도 그냥 잘 넘어가십니까? 속에서부터 화가 치밀어 올라옵니다. 미워지기 시작합니다. 비판하기 시작합니다. 결국 그 사람을 심판하게 됩니다.

아무리 하나님께서 인간을 사랑하셔도 이 사랑을 받아들이지 않는 곳에는 구원이 아니라 심판이 주어집니다. 심판이 있다 해서 꼭 눈에 보이게 물리적으로 주어지는 것이 아닙니다. 정말 무서운 심판은 영적 심판입니다. 영적 심판이란 하나님에 대한 인식이 어두워지고, 그에 대한 감각이 둔해지고, 그에 대한 어떤 사랑도 갖지 못하는 상태입니다. 하나님 사랑이든, 인간 사랑이든, 자연 사랑이든 사랑이 메말라 있다는 것 그 자체가 심판받은 마음입니다. 하나님은 당신의 사랑을 받아들이는 사람들은 누구든지 그에 관한 바른 인식을 주시고 사랑받고 있다는 느낌을 주시지만, 그 사랑을 거절하는 사람들은 그들이 하나님의 사랑 없이 살아가도록 내버려 두십니다(롬 1:26ff).

하나님의 사랑을 받지 못하고 살아가는 삶 그 자체가 심판입니다. 인간 세상에서도 사랑받지 못하는 삶은 그 자체가 심판의 삶입니다. 부부가 함께 살면서도 서로에 대하여 어떠한 사랑도 없다면 사는 것 자체가 지옥 같은 삶의 연속입니다. 하나님께 지음 받은 피조물이 하나님의 사랑을 거절하면서 그 사랑을 받지 못하고 살아가는 삶 자체가 심판이요 지옥입니다.

인간은 하나님의 사랑을 거절하면서 자신의 외로움을 달래기 위하여 인간이나 다른 사물, 혹은 문학이나 예술 등을 사랑하면서 자신을 사랑받는 존재로 만들려고 합니다. 그러나 그런 에로스의 사랑은 나중에는 자신이 사랑했던 것들로부터 자신을 더욱 더 소외되게 만듭니다. 사랑하고 애정을 주어 만든 작품(work)이 나를 소외시킨다는 사실을 마르크스처럼 잘 말한 사람이 없을 것입니다. 그렇게 정성 들여 만든 물건이 다른 사람의 집에 놓여서 다른 사람은 행복하게 만들고 있는 반면, 자신은 그 물건으로 인하여 주어지는 어떤 혜택도 누리지 못하는 처참한 소외를 느끼는 것입니다. 얼마 전 TV의 한 프로그램에서 조폐공사에서 돈 만드는 분들을 보여 주었습니다. 이곳에서 일하는 사람들은 하루에도 몇 십억을 만듭니다. 그런데 그 돈들은 자신들하고는 아무 관계없는 돈입니다. 오늘의 실존주의자들은 내가 정성을 쏟아 부어서 만든 것들로부터 내가 멀어지는 이 소외를 몸소 체험하며 이런 소외로부터 빠져나오려고 애쓴 사람들입니다. 여러분, 인간은 하나님의 사랑을 받도록 지음을 받은 피조물들입니다. 그런데 하나님의 사랑을 거절하고 그 사랑을 받지 못하면 결론은 소외되고 심판받고 지옥에 떨어집니다. 아무리 하나님께서 세상을 사랑하셔도 그분 앞으로 나와 그 사랑을 받아들일 때만 우리는 사랑받는 존재가 되는 것입니다.

그러면 우리가 하나님의 사랑을 어떻게 받을 수 있습니까? 사랑의 행위를 반복해서 사랑의 습관을 만들어야 합니까? 아니면 사랑받을 만한 일을 해야 합니까? 사랑받으려면 사랑의 행위를 반복해야 한다는 것이 희랍인들의 생각이고, 또 사랑받을 만한 일을 해야 한다는 것이 유대인들의 생각입니다. 그러나 성경은 하나님의 사랑을 받으려면, 하나님의 사랑의 화신이신 예수님을 믿어야 한다고 말합니다. 예수님은 하나님 사랑의 화신이고 분신입니다. 전신에 하나님의 사랑의 불이 붙고 있는 분이십니다. 그러기에 나병환자들까지도 어루만지며 안수하실 수 있으셨습니다. 예수님을 만나는 사람은 누구나, 예수님을 영접하는 사람은 누구나 하나님의 사랑의 불 앞에 녹았습니다.

우리가 어떻게 하나님의 사랑을 받을 수 있습니까? 바로 예수님을 나의 구주로 영접해야 합니다. 그분의 말씀을 받아먹어야 합니다. 그분의 말씀으로 씻음을 받아야 합니다. 그래야 마음이 부드러워집니다. 그 안에서 나오는 사랑의 불이신 성령으로 태움을 받아야 합니다. 그래야 미움과 증오가 사라집니다. 그리고 마침내 사랑의 사람으로 변화됩니다.

사람은 하나님의 사랑을 받아야 합니다. 하나님의 사랑을 받아야 아름다운 사람이 되는 것입니다. 아름다운 사람들이 모여야 아름다운 세상이 되는 것입니다. 그러면 누가 아름다운 사람입니까? 바로 하나님의 사랑을 받은 사람입니다. 사랑을 받으면 아름다워집니다. 여기 앉아 있는 우리는 여러 가지로 아름답지 못한 사람들입니다. 그러나 예수님을 믿음으로 하나님의 사랑을 받은 사람들입니다. 그러므로 우리 모두는 아름답습니다.

세상의 사랑

요한복음 3:16-21

이전에 코미디 프로그램 중에서 이 시대의 젊은이들이 가장 많이 보던 프로그램은 〈개그콘서트〉였습니다. 개그콘서트는 시청률 20퍼센트를 웃도는 프로그램으로서 같은 시간대에 방영되는 인기 있는 주말연속극 시청률과 비교해도 뒤지지 않았습니다. 당시 개그콘서트 코너 중에서 가장 인기 있었던 코너가 "네 가지"라는 코너입니다. 개그맨 네 명이 나란히 서서 돌아가면서 다음과 같이 외칩니다. "세상은 왜 인기 없는 남자를 싫어하는가? 세상은 왜 촌티 나는 남자를 싫어하는가? 세상은 왜 키 작은 남자를 싫어하는가? 세상은 왜 뚱뚱한 남자를 싫어하는가?"라고 말입니다.

이 말들을 자세히 살펴보면 세상 사람들이 남자에 대하여 가지는 그릇된 선입견에 도전하는 말들입니다. 저는 이들의 풍자를 들으면서 '세상의 사랑'(amor mundi)을 생각해 보았습니다. 세상의 사랑은 일부의 사람은 좋아하고, 일부의 사람은 싫어하는 사랑입니다. 세상의 사랑은 조건을 따져서 하는 사랑이고, 조건이 바뀌면 바뀌는 사랑입니다. 그래서 그 사람을 언제는 좋아해놓고, 또 언제는 좋아하지 않습니다. 세상의 사랑은 대중의 인기에 따라 왔다 갔다 하기도 합니다. 세상의 사랑은 어떤 사람을 한 번 좋아하면 그저 맹목적으로 추종합니다. 세상의 사랑은 사랑받을 가치가 있는 사람만을 찾아서 사랑하지, 사랑받을 가치가 없는 사람은 사랑하지 않습니다. 세상의 사랑은 장작불같이 확 타올랐다가 꺼지는 불같이 온몸이라도 불태워 줄 것처럼 사랑하다가도 금방 식는 사랑입니다. 세상은 하나님까지도 이런 식으로 사랑합니다. 세상의 사랑은 철저히 자기를 위하여 하나님을 사랑합니다. 이러한 세상의 사랑은 지난 두 장에서 우리가 살펴보았던 하나님의 사랑과 정반대의 사랑입니다.

1. 세상의 사랑은 십자가 사랑을 보지 못합니다

우리가 세상의 사랑을 자세히 관찰해보면, 이타적인 사랑의 모습으로 나타나기도 합니다. 실제로 세상 안에는 이타적인 사랑들이 존재합니다. 그러나 좀 더 깊이 들어가서 살펴보면 세상의 사랑은 결코 하나님의 사랑을 받아들이려 하지 않습니다. 심지어는 종교인이 되어서도 하나님의 사랑을 향하여 마음을 열려고 하지 않습니다. 하나님의 사랑을 말하면서도 그 사랑의 핵심인 예수 그리스도의 십자가의 사랑을 언급하면 독선적이라고 비난하고 귀를 막고 들으려 하지 않습니다. 요 3:16과 같은 귀한 말씀을 들으면 하나님의 사랑에 감동이 되는 것이 아니라 도리어 따져 묻습니다. "우리는 하나님의 사랑이 없어도 충분히 살 수 있는데 하나님은 왜 굳이 왜 우리를 사랑하셨는가?"라고 반문합니다. "하나님께서 독생자를 안 보내주셔도 되는데 왜 보내주셨느냐?," "왜 우리가 굳이 그를 믿어야만 하느냐?," "왜 예수를 안 믿는다고 멸망을 당해야 하느냐?," "영생을 꼭 얻을 필요가 있느냐?"고 따집니다.

세상이 멸망을 당하지 않고 구원을 받으려면, 하나님께서 보내주신 그의 아들 예수님을 믿어야만 합니다. 다른 방법은 없습니다. 그러나 인간은 이 유일한 구원의 방법을 받아들이려 하지 않고 이런 식으로 베푸는 하나님의 사랑을 받아들이지 않습니다. 자신들을 구원하기 위해서 사람의 몸을 입으시고 이 세상 안으로 들어오신 독생자를 사랑하지 않고 그를 배척합니다. 그로 인하여 세상 사람은 이미 심판을 받은 것입니다. 18절을 함께 읽어 봅시다.

"그를 믿는 자는 심판을 받지 아니하는 것이요 믿지 아니하는 자는 하나님의 독생자의 이름을 믿지 아니하므로 벌써 심판을 받은 것이니라."

예수님을 믿는 자는 하나님의 사랑을 받아들였으므로 심판을 받지 않습니다. 그러나 이 사랑을 받아들이지 않은 사람은 참 사랑의 화신인 독생자의 아들을 믿지 않음으로 이미 심판을 받은 것입니다. 지난 장에서 말씀드렸던 것처럼 사랑은 중립적 입장으로 머무를 수 없습니다. 사랑을 베풀었을 그 사랑을 받아들인 사람에게는 구원을 발생하게 하나, 그 사랑을 받아들이지 않게 될 그에게 정죄를 가져다주는 것입니다. 믿지 아니하는 자는 하나님의 독생자의 이름을 믿지 아니하므로 벌써 심판을 받은 것입니다.

2. 세상은 이중의 죄를 범합니다

세상이 정죄를 받아야만 하는 또 한 가지 이유가 있습니다. 위에서 말씀드렸던 대로 세상이 심판과 정죄를 받아야만 하는 첫 번째 이유는 그들이 하나님께서 보내신 예수님을 믿지 않았기 때문입니다. 그리고 두 번째로는 빛이신 예수님보다 다른 것들을 더 좋아하고 신봉하기 때문입니다. 19절을 함께 읽어 봅시다.

"그 정죄는 이것이니 곧 빛이 세상에 왔으되 사람들이 자기 행위가 악하므로 빛보다 어두움을 더 사랑한 것이니라."

그들은 하나님께서 보내신 참 빛이신 예수님을 빛으로 인정하지 않습니다. 반대로 인간들이 만든 다른 빛들을 사랑합니다. 다른 종교지도자들의 가르침을 따르거나 유명한 철학 사상들을 신봉하고, 그러한 종교나 철학을 통하여 자력으로 구원에 도달하려 합니다. 다른 말로 말씀을 드리면, 하나님께서 보내주신 참 빛이신 예수님은 배척하고 세상이 말하는 거짓 빛들을 따르는 것입니다. 세상이 말하는 빛이라는 것들은 하나님께서 볼 때는 다 어둠입니다. 세상의 종교도 철학도 다 어둠입니다. 어둠의 종교이고 어둠의 철학입니다. 이런 종교와 철학 속에 구원이 있다고 말하는 사람들은 어둠의 선생들입니다. 그리고 이 어둠의 선생들을 따르는 사람들은 어둠의 자식들입니다. 어둠의 자식들이기에 어둠의 일을 하는 것입니다. 그런데 세상은 하나님의 아들을 어둠이라고 말하고 세상의 가르침들을 빛이라고 말합니다. 그래서 참 빛이신 예수님은 배척하고 거짓된 빛들을 추종합니다. 바로 이런 죄 때문에 세상은 이미 심판을 받은 것입니다.

여러분, 이런 식으로 인간은 항상 이중의 죄를 짓습니다. 사람이 죄를 짓는 모습을 관찰해보십시오. 먼저 참 사랑이고, 참 구원이고, 참 생명이고, 참 빛이신 예수님을 배척하는 죄를 짓습니다. 차라리 중립으로 머물면 그나마 나을 것입니다. 그러나 곧바로 하나님께서 가장 싫어하시는 종교지도자들의 사이비 가르침이나 사이비 철학을 추종합니다. 인간은 이처럼 항상 이중의 죄를 짓고 있습니다. 학생에 비유하자면 하라는 공부는 죽어라 안 하고, 하지 말라는 게임은 죽어라 하는 것입니다. 여기에 대하여 예레미야 선지자는 정곡을 찌르는 예언을 합니다.

"내 백성이 두 가지 악을 행하였나니 곧 그들의 생수의 근원되는 나를 버린 것과 스스로 웅덩이를 판 것인데 그것은 그 물을 가두지 못할 터진 웅덩이들이니라"(렘 2:13).

이스라엘 백성들은 우선 생수의 근원이 되시는 하나님을 버렸습니다. 그리고 이 죄에서 끝나지 않고 스스로 웅덩이를 파는 죄를 더했습니다. 그런데 그 웅덩이는 물을 가두지 못할 터진 웅덩이들입니다. 예레미야는 하나님을 생수의 근원이라고 말합니다. 살아 있는 물, 혹은 살리는 물(living water)을 터져 나오게 하는 샘이라는 것입니다. 하나님은 생명수를 뿜어내는 우물입니다. 누구든지 하나님께서 주는 물을 마시면 살아납니다. 그들의 영혼이 소생합니다. 활력이 넘치게 됩니다. 그리고 활기찬 삶을 살아가게 됩니다.

이 말씀은 예레미야 시대나 지금 우리가 살아가는 시대나 동일한 진리입니다. 오직 하나님께서 보내주신 예수 그리스도만이, 그 분의 말씀만이 생수의 근원이신 하나님께서 나오는 생수입니다. 죄인은 이 생수를 마시고 죄의 치명적인 병을 고치고 생명을 얻어 영생의 삶을 살아갈 수 있습니다. 그런데 사람들은 이 생수의 근원이신 하나님, 우리를 살리는 생수이신 예수님을 버렸습니다. 그러므로 목이 마르고 갈증이 넘치는 것입니다. 왜 인생을 살기가 싫고, 살 재미가 없는지 그 이유를 생각해 보신 적 있으십니까? 단지 갱년기가 와서 잠시 동안만 생기는 우울증 증세일까요?

근본적인 원인은 생수의 근원 되신 하나님을 버렸기 때문입니다. 그러므로 우리는 다시 살기 위해서는 생수의 근원 되신 하나님께로 돌아가야 합니다. 그의 말씀을 듣고 읽어야 합니다. 그 말씀을 따라 살아야 합니다. 그러면 영혼이 살아나고 활력이 생기고 생기 있게 세상을 살아가게 됩니다. 그런데 어리석은 인간들은 예레미야의 이런 말씀을 들으면서도 계속하여 어리석은 지혜를 버리지 않습니다.

설상가상으로 스스로 웅덩이들을 팝니다. 게임의 웅덩이를 파고, 영화의 웅덩이를 파고, 골프의 웅덩이를 파고, 문학과 예술의 웅덩이를 파고, 철학의 웅덩이를 파고, 종교의 웅덩이를 팝니다. 그런데 그 웅덩이는 물을 가두지 못하는 터진 웅덩이입니다. 마실만하다고 생각하면 금방 물이 없어져 있는 것입니다. 20세기는 철학 웅덩이가 전성기인 시대였습니다. 그러나 21세기는 이 철학의 웅덩이가 별 인기가 없습니다. 다시 종교의 웅덩이가 세계의 희망으로 떠오르고 있습니다. 2003년 독일에서 있었던 일입니다. 독일에는 "교회의 날"(Kirchentag)이라고 하여 개신교인들이 모여서 치르는 대형 행사가 있습니다. 그때 주강사로 초대된 사람은 세계적으로 저명한 목사가 아니라, 불교 지도자 달라이 라마였습니다. 기가 막힌 웅덩이를 판 것입니다. 요즈음에 들어와서 종교나 철학 웅덩이보다 더 인기를 얻는 웅덩이가 '케이 팝 웅덩이'입니다. 세계의 젊은이들은 이 케이 팝에서 나오는 물을 마시면 그들 안에 있는 갈증이 해소된다고 생각하는 것 같습니다. 그러나 케이 팝 웅덩이도 조금 있으면 속이 말라 물 한 방울 없이 버림받은 웅덩이처럼 될 날이 올 것입니다.

이 세상이 다시 살려면 이런 사람들이 판 웅덩이로 달려가서는 안 됩니다. 생수의 근원이신 하나님께서 보내주신 예수 그리스도에게로 나아가야 합니다. 그분의 말씀으로부터 흘러나오는 성령의 생수를 마셔야만 살아나고 소생하고 영생을 얻습니다.

여기 앉아 예배드리는 우리들도 이제는 다른 웅덩이들을 더 이상 파지 말고 진정으로 하나님께로 돌아가야 합니다. 그분의 말씀을 파야 합니다. 예수 그리스도에 집중하고 그분을 탐구하고 그분의 말씀 안에서 하늘의 물로 천수(天水)욕을 해야 합니다. 그럴 때 진정한 영혼의 피서를 누리게 되는 것입니다. 영육 간의 참된 쉼을 가지게 될 것입니다. 그러나 터진 웅덩이에서 나오는 물을 마시려는 사람들은 잠시 동안은 그 물로 인해 기갈을 면하지만 얼마 안 가서 곧 다시 목마를 것입니다. 그럼에도 불구하고 사람들은 왜 빛보다 어두움을 더 좋아할까요?

3. 세상은 왜 빛보다 어두움을 더 좋아할까요?

20절을 함께 읽어 봅시다.

"악을 행하는 자마다 빛을 미워하여 빛으로 오지 아니하나니 이는 그 행위가 드러날까 함이요."

이 구절을 자세히 살펴보십시오. 그들이 "악하기 때문에"라고 말하지 않습니다. 그들은 "악을 행하고 있는 사람들"입니다. 악을 습관적으로 반복하고 있는 사람들입니다. 악에 빠져 악을 좋아하고 악의 노예가 되어 있는 사람들입니다. 그런데 이들은 악을 행하는 데 그치지 않습니다. 더 나아가 이들은 빛을 미워하고 있습니다. 헬라어로 보면 현재형 "미세이"(μισει)를 쓰고 있습니다. 그들은 하나님께서 보내신 분인 예수 그리스도를 미워합니다. 그에 관하여 얘기하는 것조차도 꺼립니다. 그를 미워하므로 그에게 가지 않습니다. 예수님이 좋은데도 안 가는 것이 아니라, 그를 미워하기 때문에 가지 않습니다. 그러나 그들이 예수님을 미워하고 그에게로 가지 않으려는 숨은 진짜 이유가 있습니다. 왜 그들이 예수님께로 가지 않으려 할까요? "이는 그들의 행위가 드러날까 함이요." 그들의 행위가 드러날까 두려워하기 때문입니다. 그들의 행위가 판단을 받을까 봐, 정죄를 받을까 봐 두려워서 가지 않는 것입니다.

예수님은 오늘 말씀을 모든 악을 행하는 자들을 염두에 두고 하되, 특히 예수님 당시의 종교집단을 두고 이 말씀을 하고 계십니다. 이들은 예수님 당시부터 활동하였던 영지주의자(gnosist)들입니다. 영지주의자들은 세상의 보통 사람들에게는 전혀 알려지지 않은 영지(靈知: gnosis), 즉 영적인 깊은 지식을 추구하는 자들입니다. 이들은 이런 비밀의 지식을 가져야만 구원을 받을 수 있다고 믿었습니다. 이들은 비밀 집회를 가지고, 비밀 의식을 행하고, 비밀 가르침을 자기들끼리만 전수했습니다. 그러나 이들의 내부를 들여다보면 실제로는 종교적인 이득을 얻기 위해 모인 집단입니다. 사람들 몰래 숨은 부끄러운 짓들을 하고, 재물을 갈취하고, 가정을 파괴하고, 여러 가지 천륜과 인륜을 파괴하는 못된 짓들을 합니다.

우리가 이와 같은 사람들에게 빛이신 예수님을 알려주고, 하나님의 말씀을 가르쳐 주는 것은 그들에게는 너무 두려운 일입니다. 우리는 이 광명천지에서도 이런 사이비 종교들이 너무 많이 존재하고 있음을 명심해야 합니다. 그들에게 빛이 되신 하나님의 말씀을 전해서 그들의 어두움을 드러내야 합니다. 복음전도는 어둠의 세상을 무너뜨리는 운동입니다. 그들의 조직을 해체시키는 운동입니다. 그들의 올무에서 수많은 영혼을 구출해내는 운동입니다.

4. 빛으로 나오는 사람이 있습니다

그러나 이 빛의 말씀을 듣고 하나님께로 나오는 사람들이 있습니다. 21절을 봅시다.

"진리를 따르는 자들은 빛으로 오나니 이는 그 행위가 하나님 안에서 행한 것임을 나타내려 함이니라."

이들은 예수께서 이 땅에 오시기 전부터, 그들의 양심 안에서 하나님을 두려워한 사람들입니다. 이들은 하나님을 이해하기를 악을 미워하고 선을 좋아하시는 분으로 알고 있는 사람들입니다. 이들은 이 땅에서 적극적으로 선을 행하고 사는 사람들입니다. 이들은 유대인들 중에도 있고 이방인들 중에도 있습니다. 이들은 하나님의 진리를 간절히 기다리며 하나님의 진리를 따라 살고 있는 사람들로 진리의 말씀이 오면 즉시 따릅니다. 이들은 예수님께로 가서 자신들의 한 행위는 자신들이 선해서가 아니라, 하나님께서 은혜를 주셔서 할 수 있었던 행위라고 간증하며 하나님을 찬송하는 사람들입니다. "이는 그 행위가 하나님 안에서 행한 것임을 나타내려 함이니라." 성경에 등장하는 인물들 가운데 유대인 중에서는 요셉과 마리아, 시므온과 안나 같은 사람들이고, 이방인 중에서는 고넬료와 익명의 백부장 같은 사람들입니다. 이들은 예수님께서 오시기 전에도 하나님의 아들을 기다리고 바라며 살아온 사람들입니다. 그러므로 하나님의 종들이 빛의 복음을 전파할 때 그 빛으로 나오는 것입니다.

오늘날 우리 그리스도인들 중 일부의 사람들을 복음은 선한 사람들이 아니라, 세상에서 특별히 악하게 사는 사람들을 위해서 존재하는 것처럼 생각합니다. 물론 복음은 악한 사람들도 구원합니다. 그러나 세상에서 선하다고 평가를 받고, 선하게 사는 사람들이 복음을 받아들일 수 있음도 생각해야 합니다. 그들 중에 많은 사람들은 우리가 믿는 하나님은 아니지만 그들의 마음에 신을 모시고 살았기 때문에, 우리가 그 신이 여호와 하나님이시고 그분이 우리를 구원하시기 위해서 예수님을 보내주셨다는 복음을 전해주면 그들은 의외로 잘 받아들입니다.

5. 결론

우리는 세 장에 걸쳐 하나님의 사랑과 세상의 사랑을 비교해 보았습니다. 하나님의 사랑은 라틴어로 "아모르 데이"(*amor Dei*)인데 해학적으로 해석해 보면, 하나님의 사랑은 아모레 화장품처럼 우리 마음을 촉촉하고 부드럽게 만듭니다. 그러나 세상의 사랑은 라틴어로 "아모르 문디"(*amor mundi*)인데, 경상도 말로 '문디' 같은 사랑입니다. 하나님의 사랑은 세상을 구합니다. 그러나 세상의 사랑은 세상을 멸망시킵니다. 세상의 사랑으로는 세상을 구할 수 없습니다. 세상이 진정으로 필요한 것은 세상의 사랑이 아니라 하나님의 사랑입니다. 하나님의 사랑만이 세상의 병을 치료할 수 있습니다. 우리는 이 사실을 확신해야 합니다. 그리고 담대하게 전해야 합니다.

낮의 왕국에 사는 자는 어떻게 살아야 하는가

야곱의 우물
가서 네 남편을 불러오라
하나님께서 기뻐하시는 예배
사마리아 성의 구원

야곱의 우물

요한복음 4:1-14

예수님은 요 3장에서 유대인의 거봉(巨峯)인 니고데모와 만나서 복음을 전했습니다. 그와의 대화를 통하여 유대인이 구원받는 길을 제시하셨습니다. 예수님은 그들에게 하늘에서 내려온 자의 말씀을 듣고, 그 말씀을 믿음으로 거듭나야만 천국에 들어간다는 진리를 깨우쳐 주셨습니다. 이번에 살펴볼 4장에서는 사마리아 성의 구원에 대하여 기록하고 있습니다. 아시다시피 사마리아는 유대인들로부터 멸시받는 지역이었고, 여기 본문에 등장하는 사마리아 여인은 심지어 같은 사마리아인들로부터도 멸시받는 여자였습니다. 예수님께서 이 사마리아 여인을 만나 대화를 나누고 복음을 전했다는 사실은, 세상의 가장 천한 자도 복음을 들을 수 있으며 복음으로 구원을 받을 수 있음을 알려줍니다.

1. 사마리아 성으로 들어가게 가게 된 동기

오늘 말씀을 잘 이해하기 위해서는 먼저 당시의 이스라엘 땅의 지역 분할 상황을 이해하고 있어야 합니다. 당시의 이스라엘 지도를 보면 남쪽 지방에는 유다가 있었고, 중앙에는 사마리아가, 그리고 북쪽에는 갈릴리가 있었습니다. 남쪽의 유대 지방에서 북쪽의 갈릴리로 가는 중간에 바로 사마리아가 놓여 있었습니다.

그런데 유대 땅에서 활동하시던 예수님께서 사마리아로 들어가시게 되었습니다. 예수님께서 사마리아로 들어가시게 된 것은 의도된 일정에 의한 것이 아니라, 그리로 가지 않으면 안 되어서 부득이 그리로 가시게 된 것입니다. 예수님은 본래 계획에 의하면 유대에 좀 더 머무르고 싶었던 것입니다. 그런데 예수님의 제자들이 많아지고 그에게서 세례를 받은 사람들이 많아지면서 바리새인들의 시기를 사게 되었습니다. 예수님은 바리새인들을 너무 잘 알고 계셨으므로 자신과 그들 사이에 피하지 못할 분쟁이 일어나실 것을 아셨습니다. 그런데 예수님은 지금은 그들과 본격적으로 싸울 때가 아니라고 생각했습니다. 예수님은 아직 해야 할 일이 너무 많습니다. 그런데 이런 헛된 분쟁에 말려들어 중요한 계획이 망치면 안 되는 것이었습니다. 그래서 예수님은 당분간 유대를 떠나 갈릴리로 피해 있으려 했습니다. 그런데 갈릴리로 가는 가장 빠른 길이 바로 사마리아를 통과해 가는 길이었습니다. 그리고 사마리아를 통과해서 가면 사흘 정도면 갈릴리로 갈 수 있었습니다. 그러나 사마리아를 통과하지 않으면 그 배의 시간이 걸렸습니다. 예수님께서는 가능한 한 빨리 갈릴리로 가야 했음으로 사마리아로 통과하기로 결심하신 것입니다.

우리 신앙인의 삶에서도 이런 상황이 생길 수 있습니다. 우리가 본래 계획하지 않은 그런 장소에 들어갈 수 있습니다. 원치는 않지만 반드시 해치워야만 하는 일들이 있을 수 있습니다. 그러나 그런 상황이 일어날 때 우리는 하나님의 섭리가 있음을 잊지 말아야 합니다. 그런 곳에서도, 그런 일들 속에서도 하나님은 당신의 구원의 일들을 진행시킬 수 있음을 잊지 말아야 합니다. "갈 길은 바쁜데 내가 이곳에 와서 이런 일이나 하고 있다니?"라는 생각이 들 때, 예수님께서도 부득이 사마리아로 가신 사실을 생각하십시오. 그리고 그곳에서 사마리아 성을 구하는 놀라는 일이 일어났음을 잊지 마십시오.

2. 예수님께서 사마리아 성으로 들어가신 것이 그렇게도 주목할 만한 사건이었는가라는 질문이 생길 수 있습니다

예. 그렇습니다. 예수님의 행동은 당시의 시대적 배경을 알면 정말 충격적인 일이었습니다. 당시에는 남쪽 유대 지방에 사는 사람들과 사마리아에 사는 사람들에게는 서로에 대한 굉장한 증오들이 있었습니다. 그들이 서로에 대한 증오를 갖게 된 것은 이들의 역사 때문입니다. 기원전 700년 이스라엘은 북쪽 이스라엘과 남쪽 유다로 분단되어 있었습니다. 그런데 먼저 북쪽 이스라엘이 당시 초강대국이었던 앗시리아에게 멸망을 당했습니다. 앗시리아는 북쪽 이스라엘 백성들 중 쓸 만한 사람들은 자기 나라로 다 잡아가고, 그 사회의 가장 천한 사람들만 거기에 남겨두었습니다. 그리고 앗시리아는 자신이 지배하던 지역들 중 가장 천한 민족들을 북쪽 이스라엘 땅으로 이주시켰습니다. 그래서 북쪽 이스라엘은 여러 민족들이 섞여서 사는 땅이 되었습니다. 이들 민족들 사이에 상호 결혼이 이루어졌고 혼혈아들이 많이 태어나게 되었습니다. 사마리아가 바로 이 북쪽 이스라엘 땅에 위치해 있었습니다.

사마리아 사람들의 절개를 지키지 않는 이런 모습이 남쪽에 사는 정통 유대인들이 볼 때는 괘씸한 일이었습니다. 그러다가 남 유다도 결국 586년에 바벨론에게 멸망을 당했습니다. 그러나 이들은 대체로 신앙의 정절을 지키고 이교도들과 섞이지 않았습니다. 그리로 잡혀간 사람들도 그랬고, 본토에 남아 있는 사람들도 그랬습니다. 그렇기에 남쪽의 유대인들이 볼 때 사마리아인들은 신앙의 정절을 버린 사람들입니다. 여호와의 율법을 어긴 사람들입니다. 그래서 그들은 사마리아인들을 배교자로 여기고 상종하지 않았습니다. 심지어 사마리아 땅도 밟지 않았습니다. 갈릴리로 가야 할 경우 사마리아 지역을 피하여 우회하여 갈릴리로 갔습니다.

그런데 정통 유대인이신 예수님은 사마리아 지역으로 들어가셨습니다. 표면상의 이유는 시간이 급박했기 때문입니다. 그러나 숨겨진 이유가 있습니다. 즉, 예수님은 이 기회에 사마리아 성 사람들을 구하고 싶었던 것입니다. 유대인들에게 모욕과 멸시를 받고 살아가던 이들, 그들이 생각해도 한 많고 슬픈 역사를 가진 이 사람들을 구하고 싶으셨던 것입니다. 좀 더 구체적으로는 구원에 대하여 목말라 하는 한 여자의 가슴의 한을 풀어주고, 그 여자의 전도를 통하여 사마리아 성 사람들을 구하고 싶으셨던 것입니다.

3. 예수님은 수가라 하는 동네로 들어가셨습니다

수가라는 이 지역은 구약에서는 세겜이라 불리던 땅입니다. 그런데 이 세겜은 역사적으로 볼 때 나름대로 역사와 전통을 자랑하는 곳이었습니다. 이곳은 야곱이 세겜 사람 하몰의 아버지로부터 돈을 주고 산 땅이고, 그곳에 자신과 자신의 가족과 종들, 그리고 목축들을 먹이기 위한 우물을 판 곳입니다. 그리고 나중에는 야곱의 아들 요셉이 애굽에서 죽자 그 뼈를 가져와서 묻은 곳이기도 합니다. 이런 족장들의 전통이 보존되어 있는 곳이 바로 이 수가 성입니다.

야곱이 이 땅에 우물을 팠다는 것은 두 가지 의미가 있습니다. 그는 할아버지 아브라함, 아버지 이삭으로 이어지는 신앙을 전승해야겠다는 결의를 보여주고, 그들이 믿었던 여호와 신앙을 이어가겠다는 결심을 상징적으로 보여주고자 했습니다. 또 한 가지는 누구든지 이 우물로부터 나오는 물을 마셔야만 영생할 수 있다는 믿음을 상징적으로 알려주고자 했습니다. 그렇기에 사마리아 사람들은 다른 우물이 아니라 야곱의 우물로부터 물을 마셔야만 영생을 얻는다는 그런 생각을 한 것입니다.

예수님께서 다른 곳이 아닌 야곱의 우물이 있는 곳으로 가셨다는 것은 이 두 가지 의미와 자신을 연결을 시키고자 한 것이라고 볼 수 있습니다. 한 가지는 자신이 바로 이 야곱의 우물이 가진 영적 차원인 여호와 신앙과 관계된 자임을 알리고자 하신 것입니다. 다른 한 가지는 영생의 문제에 관한 계시를 하실 분이 바로 자기라는 것을 알리시기 위함입니다. 우리는 이 점을 고려하면서 오늘 말씀을 해석해야 합니다. 6절 뒷부분을 읽어 봅시다.

"거기 또 야곱의 우물이 있더라. 예수께서 길 가시다가 피곤하여 우물 곁에 그대로 앉으시니 때가 여섯 시쯤 되었더라."

4. 예수님은 야곱의 우물 위에 앉으셨습니다

우리 말 번역에는 "우물 곁에"로 번역이 되어 있는데, 원문은 "우물 위"에 즉 "에피 테 페게"(επι τη πηγη)로 되어 있습니다. 라틴어 역본에서도 "*super fontem*"으로서, 즉 우물 위에로 되어 있습니다. 대부분의 영어 역본들에 "by the well"로 번역되어 있어서 우리말도 그렇게 번역한 것입니다. 그러나 희랍어의 "옆"은 분명히 "파라"(παρα)라는 전치사를 씁니다. "에피"(επι)는 영어로 "on"으로 번역되어야 합니다. 그러므로 예수님은 우물을 덮어 놓은 덮개 위에 앉으신 것입니다. 즉 우물에 의지하여 앉으신 것입니다. 왜 이 사실을 따져야 하느냐고 물으실 수 있습니다. 그러한 이유는 야곱의 우물은 상징이기 때문입니다. 만일 우물 곁에 앉으셨다고 번역할 경우 예수님은 야곱 곁에 있는 한 분일 뿐입니다. 즉 예수님은 야곱 전통의 한 곁가지에 불과합니다. 그러나 야곱의 우물 위에 앉으셨다고 번역한다면 예수님은 야곱 전통의 위에 있다는 뜻이 되는 것입니다.

예수님은 이 행동을 통하여 야곱의 우물의 한계를 극복하고 본래 이 우물을 통하여 얻으려 했던 영생을 나누어 주시는 분이라는 사실을 알리고자 하신 것입니다. 실제로 예수님은 구약 야곱의 우물의 한계를 극복하시기 위해서 오셨습니다. 야곱의 우물은 앞으로 오실 메시야가 주실 참된 영생수를 가리키고 있는 비유적인 물일뿐입니다. 인간이 마시면 영생하는 바로 그 영생수(the very eternal water)는 아닌 것입니다. 하나님께서 보내주시겠다고 약속하셨던 메시야가 오실 때까지만 마시고 갈증을 면할 그런 일시적인 물이었습니다. 참된 영생수는 야곱의 우물에서 나오는 물이 아닙니다. 바로 야곱의 우물 위에 앉으신 예수님께서 주시는 물입니다. 요약적으로 말씀을 드리면, 예수님께서 수가에 있는 야곱의 우물로 가신 것은 바로 자신을 영생수를 주실 분으로 알려주기 위함입니다. 사마리아 여인에게 자신이 주는 물맛을 먼저 맛보게 하고, 그녀를 통하여 사마리아 성 사람들에게 맛보게 하여 그 성 사람들 모두를 구원하시기 위해서입니다.

오늘 저희들이 모여 있는 이 장소도 야곱의 우물의 성격을 갖습니다. 우리 교회가 아무리 역사와 전통을 자랑하는 교회라고 하여 이곳에 와서 물을 마셔도 영생을 얻지 못합니다. 백 번을, 천 번을 마셔도 영생을 얻지 못합니다. 교회 정식 구성원이 되고, 교회에서 하는 성경 공부도 하고, 교회 일에 적극 참여해도 영생을 얻지는 못합니다. 영생수는 우리 교회가 주는 것이 아니라 바로 교회가 선포하는 예수 그리스도께서 주십니다. 그러므로 교회에 오는 목적은 바로 영생수 되신 예수 그리스도를 알기 위함입니다. 그를 만나기 위함입니다. 그를 알고 그를 만나 그와 교제를 하다 보면 여러분에게 영생수가 주어집니다. 예수 그리스도를 믿으면서 여러분의 속에서 쉼 없이 흘러나오는 영생수를 맛보게 될 것입니다. 말씀을 전하는 저를 비롯해서 먼저 된 성도들은 예수님을 만나 그를 믿음으로 영생수를 맛본 사람들일 뿐입니다. 그리고 아직 영생수를 맛보지 못한 분들에게 이 예수님을 영접하도록 도와주는 사람들일 뿐입니다.

　사마리아 여인을 기다리는 예수님은 육체적으로는 심히 지쳐 있었습니다. 오늘 말씀 6절을 읽어 봅시다. 예수님은 인간의 육체를, 즉 인성을 가지신 분이셨습니다. 그러므로 지칠 수 있었습니다. 그러나 영혼을 사랑하는 마음 때문에 피곤함에도 불구하고 그곳에서 그녀를 기다리고 있었습니다. 하루 종일 일하고 피곤하여 죽을 것 같은 상태인데도 아이에게 젖꼭지를 물려 아이를 살리려는 어머니와 같은 사랑으로 사마리아 여인을 기다리고 계신 것입니다. 하나님의 사랑은 이처럼 자신은 죽으면서 상대는 살려내는 사랑입니다. 우리는 이 지상의 예수님의 사역 속에서 바로 이러한 하나님의 사랑을 경험하게 됩니다.

5. 사마리아 여인은 정오에 물을 길으러 나왔습니다

　이 여인은 사마리아 사람들조차 싫어하던 여자입니다. 그들에게 욕먹는 여자이고 그래서 자신을 숨기고 싶은 여자입니다. 그녀는 내면의 갈등을 가진 여자이고, 밤이면 자기 인생의 문제로 신음하다 지치고, 낮이면 물을 길으러 나오는 여자입니다. 이런 모습이 단지 이 여자만 가진 모습이었겠습니까? 외국인들과 섞여 지내면서 자신의 정체성을 상실하고 살아가는 대부분의 사마리아 사람들의 모습이 아니었겠습니까? 절대로 자신을 남에게 노출시키지 않고 싶은 사람들, 자신의 혈통은 내세울 것이 없으므로 다른 사람들에 대하여 더 순수한 혈통을 내세우는 사람들, 참된 삶에 대한 갈망은 있어도 더 이상 그런 삶을 회복하기는 어려울 것이라고 생각하여 자포자기로 살아가는 사람들, 미래의 소망도 없이 현재의 관능적 쾌락에 몸을 맡기며 사는 그런 사람들, 이들은 한마디로 '사마리아 스타일'로 사는 사람들이었습니다. 예수님은 사마리아 사람들의 이 사마리아 스타일을 잘 알았습니다. 그들이 왜 이 정오에 물을 길으러 나오는지 그 마음의 깊은 생의 고뇌를 알고 있었습니다. 그래서 마침내 오늘 그녀에게 그 고뇌의 사슬을 끊어주시고자 하신 것입니다.

여러분, 저와 여러분의 스타일을 가장 잘 아시는 분은 바로 예수님이십니다. 예수님은 우리의 인생의 내면의 갈증을, 속이 공허하기 때문에 겉을 더 예쁘게 포장하며 살아가는 우리네 삶의 스타일을 가장 잘 알고 계십니다. 우리가 아무리 치장해도, 한라산의 우물에서 나오는 물을 마셔도, 여전히 목마른 우리 내면의 갈증을 잘 알고 계십니다. 이런 갈증을 속에 감추며 갈증을 해소하기 위하여 이 주일에, 이 정오에, 이 말씀을 듣고 앉아 있는 고통을 알고 계십니다. 그래서 말씀 전하는 사역자들을 세우셔서 이 갈증을 해소할 수 있는 비밀을 알려주고 계시는 것입니다.

생의 갈증을, 영혼의 목마름을 해결할 생수를 원하십니까? 야곱의 우물로 가지 마십시오. 이 세상이 자랑하는 우물들로 가지 마십시오. 어디에 있는 물을 마셔도, 어느 대학의 물을 마셔도, 어느 회사의 물을 마셔도 우리의 근본적인 갈증을 해소할 수 없습니다.

야곱의 우물 위에 앉아계신 참 영생수를 주시는 예수님을 찾으십시오. 예수님 안에 참 생수가 있습니다. 그를 믿고 영생의 물을, 영생의 말씀을 받아 마시십시오. 그러면 이생에서도 영생을 누리게 될 것입니다. 13-14절을 읽고 마치겠습니다.

"예수께서 대답하여 이르시되 이 물을 마시는 자마다 다시 목마르려니와 내가 주는 물을 마시는 자는 영원히 목마르지 아니하리니 내가 주는 물은 그 속에서 영생하도록 솟아나는 샘물이 되리라."

가서 네 남편을 불러오라

요한복음 4:15-19

1. 좋은 물을 마셔야만 좋은 생활이 시작됩니다

여름철이 되면 물을 많이 마십니다. 하지만 물을 많이 마시는 것보다 더 중요한 것은 좋은 물을 골라 마시는 것입니다. 좋은 물을 골라 자주 마셔야 건강해집니다. 비단 물뿐만이 아닙니다. 공부할 때도 마찬가지입니다. 어떤 분야에서 성공하려면 그 분야에서 가장 좋다고 말하는 책을 골라야 합니다. 제가 고등학교를 다닐 때는 영어는 송성문의 『성문종합영어』를, 수학은 홍성대의 『수학의 정석』을 많이 보았습니다. 보통 이런 책들을 1학년 때 서너 번은 봐야 좋은 대학에 들어간다는 말이 돌아 다녔습니다. 제가 대학교에 들어가서는 여러 교양과목을 들었는데 그중에서 경제학개론 수업을 참 재미있게 들었습니다. 그 이유는 그 과목의 교수님이 좋아서였습니다. 그 교수님은 서강대를 졸업한 젊은 교수였는데 그분에게 들었던 강의가 지금까지도 기억에 남아 있습니다. 교수님께서 교재로 선택한 책이 한때 총리까지도 지내셨던 조순의 『경제학원론』이었는데 참 재미있게 읽었습니다.

　신앙의 세계에서도 마찬가지입니다. 좋은 신앙인이 되려면 좋은 책을 골라 읽어야 합니다. 좋은 책은 어떤 책일까요? 첫째는 성경책입니다. 성경의 샘물에서 매일 거르지 않고 물을 길어 마셔야 합니다. 둘째는 기독교 고전입니다. 신앙 서적들 중 교회 역사를 통해서 수많은 사람들에게 많이 읽혀왔던 책들이 있습니다. 어거스틴의 『고백록』이나 칼빈의 『기독교강요』, 존 번연의 『천로역정』 등입니다. 기독교인은 이런 신실한 사람들이 파놓은 우물에서 물을 길어 마셔야 합니다. 기독교 서적들이라고 모두 무조건 좋은 책들은 아닙니다. 어떤 책들은 우리 영혼에 매우 큰 해를 가져다줍니다. 특히 기존 교회를 은근히 비판하고 있는 책들은 매우 조심해서 읽어야 합니다. 그런 분들의 책들을 계속 읽다 보면 자기도 모르게 매사에 부정적으로 되고 한국교회를 비판밖에 할 줄 모르는 사람이 되기 때문입니다. 그러므로 기독교 서적들은 목사나 본받을 만한 신실한 분들에게 물어보면서 읽어야 합니다. 다시 말씀드리지만, 좋은 책을 골라서 읽어야 좋은 신앙인으로 성장할 수 있습니다. 영혼이 목마를 때마다 성경책과 기독교 고전들을 손에 잡고 반복해서 읽으면 영혼이 소생합니다. 옛날의 믿음의 사람들은 다 이렇게 했습니다. 이사야 선지자는 선지자로서 지칠 때가 많았습니다. 그럴 때마다 그는 구원의 샘에서 물을 길어 마셨습니다.

"보라 하나님은 나의 구원이시라 내가 신뢰하고 두려움이 없으리니 주 여호와는 나의 힘이시며 나의 노래시며 나의 구원이심이라 그러므로 너희가 기쁨으로 구원의 우물들에서 물을 길으리로다"(사 12:2-3).

좋은 물을 마시면 영혼 안에 있는 갈증이 해소됩니다. 영혼이 건강해지고 건강한 정신이 생기고 건강한 정신과 함께 생활도 건강해집니다. 생활에 질서가 잡히고 윤리적으로도 깨끗한 삶을 영위하게 됩니다. 하지만 좋지 않은 물을 마시면 영혼의 갈증이 생기고 영혼이 혼탁해집니다. 정신도 흐려지고 생활도 흐트러지고 윤리적으로 문제 있는 삶을 살게 됩니다. 늘 자신의 삶에 만족하지 못하고 여러 가지 종류의 새로운 물들을 찾아다니게 됩니다. 오늘 본문의 사마리아 여인처럼 말입니다. 그녀는 갈증으로 인하여 날마다 야곱의 우물에서 물을 길어 마시면서도 갈증을 면하지 못했습니다. 이 여자에게는 특단의 조치가 취해져야 합니다. 예수님은 그녀에게 물을 바꾸라고 말씀합니다. 그리고 자신이 주는 물을 마시라고 말합니다. 예수님은 "그 속에서 영생하도록 솟아나는 샘물"을 소개합니다.

야곱의 우물 물만 알았던 이 여자는 예수님께서 말씀하시는 "그 속에서 영생하도록 솟아나는 샘물"에 관심을 가지기 시작합니다. 이 물은 바깥에서 사람 속으로 흘러 들어가는 물이 아니라 사람 속에서 흘러나오는 물이라고 말씀합니다. 이 물을 마시면 속에 있는 갈증이 근원적으로 해결이 된다고 합니다. 그래서 여자는 예수님에게 말합니다.

"여자가 이르되 주여 그런 물을 내게 주사 목마르지도 않고 또 여기 물 길으러 오지도 않게 하옵소서"(15).

이 여인의 말에는 두 가지 뉘앙스가 담겨 있다고 생각됩니다. 첫 번째는 그녀는 약간 회의적인 생각을 드러내고 있습니다. 야곱의 우물물로도 내 마음의 공허가 채워지지 않는데 당신이 주고자 하는 그 물로 과연 가능하겠으며, 또 과연 그런 영생하도록 솟아나는 물이라는 것이 있을 수 있겠느냐는 것입니다. 두 번째는 정말로 그런 물을 마시고 싶어서 물을 달라고 청하는 태도입니다. 그녀는 이 두 가지 생각을 하면서 예수님께 물을 달라고 했을 것입니다. 과연 여자는 어떤 생각을 더 많이 했을까요?

2. 사마리아 여인은 아직도 회개하지 않았습니다

저는 이 여인이 예수님의 말씀을 들은 후에 생각을 너무 많이 했다고 생각합니다. 왜냐하면 그다음에 나오는 예수님의 말씀으로 미루어 볼 때, 사마리아 여인이 정말로 그런 물을 마시기를 원했다면 즉시 예수님 앞에 무릎을 꿇고 자신의 죄를 자백하고 용서를 빌며 그 물을 달라고 했을 것입니다. 하지만 그녀는 자신의 죄를 자백하지 않습니다. 예수님을 앞에 세워두고 여전히 자신이 의로운 체합니다. 야곱의 우물보다 더 좋은 우물은 없고 지금도 자신은 이 우물로부터 물을 마시고 있다는 확신에 사로잡혀 있습니다. 이 여인은 세상에 나가서는 여전히 나쁜 습관을 반복하고 특정한 죄에 빠져 살면서도, 자신은 역사와 전통이 있는 우물로부터 세상 어디에도 없는 물을 마셔온 사람이라는 자부심이 있기 때문에 회개할 생각을 하지 못합니다.

우리 주변에 계속 전도를 받으면서도 교회를 나오지 않는 분들 중에도 이런 분들이 적지 않습니다. 자신들은 교회를 다니지 않아도 교회에서 주는 물보다 훨씬 더 좋은 물을 마시고 살고 있기 때문에 교회에 나갈 필요성을 느끼지 못한다고 말합니다. 때로는 우리가 예수 안에 있는 영생수를 말하면, 그런 물이 진짜로 있다면 내가 반드시 그리로 가겠다고 다소 조롱하면서 말합니다. 사마리아 여인처럼 "주여 그런 물을 내게 주사 목마르지도 않고 또 여기 물 길으러 오지도 않게 하옵소서"(15)라고 말합니다. 이 사람들에게 우리는 뭐라고 말해 주어야 합니까? 예수님께서 사마리아 여인에게 말씀하듯이 말해 주어야 합니다.

3. 가서 네 남편을 불러오라

"이르시되 가서 네 남편을 불러오라"(16).

항상 갈증을 느끼고 주어진 것들에 만족하지 못하고 이런 물, 저런 물, 늘 새로운 물들을 찾아다니는 사람들에게는 공통점이 있습니다. 대체로 이들은 생활이 건전하지 못하고, 은밀하게 행하는 잘못된 습관들에 매여서 살아가는 경우들이 많습니다. 바로 이 사마리아 여인이 그랬습니다. 예수님은 바로 이 여인의 생활을 정확히 알고 있습니다. 그래서 예수님은 더 이상 빙빙 돌리지 않고 바로 그녀의 문제의 핵심을 때립니다.

"이르시되 가서 네 남편을 불러오라"(16). 여자는 정말 예상치 못했던 강펀치를 맞습니다. 갑자기 들어오는 펀치를 피하기 위하여 재빨리 빠져나가려 합니다. "여자가 대답하여 이르되 나는 남편이 없나이다"(17). "저는 남편이 없습니다"라고 대답합니다. 지금 남편과 살고 있으면서도 남편이 없다고 대답합니다. 법적 부부는 아니기 때문에 그렇게 말할 수 있습니다. 그녀의 과거를 모르는 사람이면 그대로 믿었을 것입니다. 하지만 예수님은 그녀의 과거를 정확히 알고 있습니다.

"예수께서 이르시되 네가 남편이 없다 하는 말이 옳도다 너에게 남편 다섯이 있었고 지금 있는 자도 네 남편이 아니니 네 말이 참되도다"(17-18).

예수님은 말씀하십니다. "네가 남편이 없다고 하는 말이 틀린 말은 아니다. 왜냐하면 너에게 남편 다섯이 있었고 지금 있는 자도 네 남편이 아니기 때문에 네 말이 참되다." 여인은 예수님으로부터 라이트 훅 공격은 피했지만, 레프트 훅 공격은 막지를 못합니다. 예수님은 레프트 훅으로 결정적인 한방을 먹입니다. 법정의 증거자료로 말하자면 결정적인 증거를 제시합니다.

예수님은 이 여인이 과거에서 어떻게 살아왔고 지금은 어떻게 살고 있는지를 정확히 폭로하십니다. 이 여인은 과거에 어떻게 살아왔습니까? 이 여인은 자신의 공허한 삶을 남편 바꾸기로 연명해왔습니다. 그녀의 마음은 너무나도 공허했습니다. 그래서 그녀는 남편을 다섯 명이나 바꾸면서 마음의 허전함을 채워보려고 했습니다. 그러나 그 마음의 공허가 채워지지 않았습니다. 지금 살고 있는 남자와도 정식으로 혼인 신고도 못하고 있는 것입니다. 또 바꿀까, 아니면 이제는 결혼을 해야 하는지에 대하여 고민하고 있는 것입니다.

우리들 중 대부분은 이 여인과 똑같은 삶을 살아가지 않습니다. 윤리도덕적 기준에서 볼 때 지탄의 대상이 되지 않게 살아갈 수 있습니다. 하지만 한 남편하고만 산다고 해서 우리 마음에 있는 공허가 채워질 수 있을까요? 그렇지 않습니다. 그래서 사람들은 그 공허를 다른 방법들로 채워보려고 합니다. 현대인들에게 있어서 취미 생활은 마음의 허전함을 채우는 가장 중요한 수단이라고 말할 수 있습니다. 현대인들은 교육을 받고 돈을 벌고 안정된 생활을 할 수 있으면 행복할 것이라고 생각합니다. 이러한 생각은 서양이든 동양이든 전혀 차이가 없습니다. 하지만 과연 그렇습니까? 누가 보더라도 부러울 것이 없는 사람들이 직접 만나 대화하면 자신의 인생에 대하여 불행해하고 우울해합니다. 심지어는 자살도 합니다. 그런 외적 조건들을 통하여 자신의 마음속에 있는 근원적인 공허가 채워지지 않은 것입니다. 그래서 현대인들은 취미 생활을 통하여 이런 공허를 채우려고 합니다.

이런 공허를 채우기 위해 현대인들은 목이 마를 때마다 알콜음료나 탄산음료를 마시면서 갈증을 면해보려고도 하고, 옷을 갈아입고 나가서 조깅을 해보기도 합니다. 그들은 조깅을 하면서 어느 정도의 행복을 느낍니다. 그러나 얼마 안 가서 싫증을 느낍니다. 그래서 이번에는 취미 생활을 자전거 타기로 바꾸어봅니다. 자전거를 구입하고, 옷을 사고, 헬멧도 사서 멋지게 달리니 사람들이 주목합니다. 그리고 자신은 그런 모습을 은근히 즐깁니다. 자신의 탄탄한 다리 근육을 자랑하기도 합니다. 하지만 이내 자전거 타는 것도 싫증이 납니다. 그래서 이번에는 등산으로 바꾸어 봅니다. 또 헬스로 바꾸어 봅니다. 이제 구기 종목으로 바꾸어 탁구를 쳐봅니다. 탁구에서 배드민턴으로, 배드민턴에서 골프로 계속 바꾸어가면서 자신의 마음의 공허와 허전을 채우려고 노력합니다. 아마 여행은 현대인들이 가장 좋아하는 취미 생활일 것입니다. 하지만 그런 것들을 통하여 인간 안에 있는 공허가 채워집니까?

그런 사람들이 어쩌다가 교회에까지 오게 되었습니다. 교회에서 말씀을 들으면서 자신의 공허가 왜 생기게 되었는지 그 원인을 듣게 되고, 그렇다면 그 공허를 어떻게 극복할 수 있는지를 듣습니다. 그래서 교회에 등록을 하고서 다닙니다. 하지만 아직도 나의 진정한 기쁨은 교회에서 듣는 말씀이 아닙니다. 교회 밖에 나가서 즐기는 취미 생활입니다. 교회는 다니지만 내가 좋아하는 죄의 습관을 끊을 수 없습니다. 가끔씩 "가서 네 남편을 불러오라"는 나의 잘못된 삶을 드러내는 말씀을 전하면 우리는 견디기 어려워합니다. 교회에 나오는 이유가 무엇입니까? 하나님의 말씀을 듣기 위해서입니다. 그러나 하나님의 말씀을 들으면 회피하거나 도망가려 합니다. 하지만 도망가지 말아야 합니다. "가서 네 남편을 불러오라"는 말씀을 듣고 하나님 앞에서 회개하고 용서를 빌어야 합니다.

사마리아 여인도, 우리도 그렇게 해야 합니다. 하지만 사마리아 여인은 그녀의 과거와 현재가 적나라하게 드러났고 더 이상 도무지 숨길 수가 없는데도 회개하지 않습니다. 그녀의 과거와 현재가 훤히 드러났는데도 회개하지 않습니다. 누가 그녀의 과거를 정확히 말할 수 있겠습니까? 신이 아니라면 누가 이렇게 할 수 있겠습니까? 그녀는 자신의 과거를 정확히 아는 신을 만난 것입니다. 그러므로 즉시 무릎을 꿇고 회개하고 용서를 구해야 합니다.

"하나님, 저는 정말 부도덕한 삶을 살아왔습니다. 제가 남편을 다섯이나 바꾼 것은 저의 마음에 있는 공허를 채울 수가 없었기 때문입니다. 그래서 남편을 바꾸어보면서 그 공허를 채우려 했습니다. 먼저는 돈 많은 남편하고 살아보았습니다. 아무래도 돈이 많아야 한다고 생각했기 때문입니다. 그러나 돈만 많고 백이 없으니 억울한 일을 당하니 안 되겠던데요. 그래서 이번에는 권세 있는 남편하고 살아보고 싶었습니다. 그런데 이 남자는 문학적 소양이 없다 보니 말이 안 통했습니다. 그래서 문학가 남편을 얻어서 살아보았습니다. 하지만 너무 이리 튀고 저리 튀고 해서 인생이 불안해서 못 살겠다는 생각이 들어서 이번에는 안정되고 똑똑한 학자 남편하고 살아보았습니다. 그런데 맨 날 '적적'하고 멋이 없어서 이번에는 멋있는 예술가 남편하고 살아보았습니다. 하지만 아무리 남편을 바꾸어도 저 마음의 공허는 채워지지 않았습니다. 그래서 지금은 그냥 평범한 사람하고 살아가고 있습니다. 저는 죄 많은 여자입니다. 저를 떠나소서."

이렇게 말씀드리며 회개하며 용서를 구해야 했을 것입니다. 하지만 그녀는 아직도 대화 주제를 바꾸는 방법으로 도망갑니다. 여러분, 나의 과거를 다 아는 분 앞에서 우리가 취할 수 있는 태도는 무엇일까요? 죄를 자백하고 용서를 비는 것이 아닐까요? "저는 다섯 번이나 남편을 바꾼 죄 많은 여자입니다. 저를 용서해 주십시오!"라고 고백해야 맞지 않을까요? 저는 목회를 하면서 잘못을 지적해 주었을 때, 그 잘못을 솔직히 인정하고 신앙생활을 새롭게 하는 분들을 보면 정말로 대단하다는 생각을 하게 됩니다. 왜 대단하다고 생각할까요? 대부분의 사람들은 그렇게 하지 못하기 때문입니다. 대부분의 사람들은 사마리아 여인처럼 말하고 행동합니다. 감추려 하거나 회피하려 합니다. "여자가 대답하여 이르되 나는 남편이 없나이다"(17). 우리 역시 하나님의 말씀을 통하여 자신의 죄가 드러났을 때 회개하기보다 회피하려 하지 않습니까?

4. 참된 삶을 살기 위해서는 계속 버티지 말고 회개해야 합니다

하나님의 말씀은 계시의 말씀으로서 나의 과거와 현재를 드러냅니다. 그러므로 우리는 말씀을 듣고 찔림을 받았으면 회개해야 합니다. 그리고 그 죄에서 과감하게 돌아서야 합니다. 지금까지의 잘못된 삶을 끊어야 합니다. 그래야만 예수님께서 주시고자 하시는 영생을 얻습니다. 진정한 행복을 얻습니다. 하나님과 교제하는 삶이 이루어집니다. 하나님과 동행하고 그분의 인도를 받는 삶을 살아갈 수 있습니다. 회개 없이는 천국도 없습니다. 그래서 예수님은 "회개하라 천국이 가까이 왔느니라"라고 외치셨습니다. 하지만 그의 말씀을 듣고 회개한 사람이 얼마나 되었을까요? 우리 인간이 자신의 죄를 지적받았을 때, 죄를 인정하고 그 죄로부터 돌아선다는 것이 얼마나 어려운 일인지 모릅니다.

여러분, 윤동주 시인의 '자화상'이라는 시를 잘 아실 것입니다. "산모퉁이를 돌아 논가 외딴 우물을 홀로 찾아가선 가만히 들여다봅니다. 우물 속에는 달이 밝고 구름이 흐르고 하늘이 펼치고 파아란 바람이 불고 가을이 있습니다. 그리고 한 사나이가 있습니다. 어쩐지 그 사나이가 미워져 돌아갑니다. 돌아가다 생각하니 그 사나이가 다시 가엾어집니다. 돌아가 들여다보니 사나이는 그대로 있습니다. 다시 그 사나이가 미워져 돌아갑니다. 돌아가다 생각하니 그 사나이가 그리워집니다. 우물 속에는 달이 밝고 구름이 흐르고 하늘이 펼치고 파아란 바람이 불고 가을이 있고 추억처럼 사나이가 있습니다." 윤동주 시인은 아마도 독립운동에 참여하지 못하고 공부만 하고 있는 자신의 모습을 부끄러워하면서 이 시를 썼을지 모릅니다.

참된 삶을 살기를 원하신다면, 내 삶에 일어나는 작은 사인(sign)을 보고서도 주님 앞에 회개할 수 있어야 합니다. 하지만 우리들 중 대부분은 이렇게 하지 못합니다. 겉으로는 회개하는 척하면서도 자신의 잘못된 삶으로부터 과감하게 돌아서지 못합니다. 이런 식으로 다른 사람들을 속이고, 심지어는 자기 자신조차도 교묘하게 속이는 것입니다. 사마리아 여인처럼 말입니다. 그녀는 지금까지 남편 다섯과 살았고 지금도 여섯 번째 남편하고 살면서도 회개하지 않습니다. 그녀는 여전히 자신이 마셔왔던 옛 우물을 버리지 못합니다. 예수님께서 말씀하시는 새 우물을 받아들이지 않습니다. 그러면서도 그녀는 자신이 굉장히 종교적인 사람이라고 자부하고 있습니다. 그래서 회개하는 대신에 이번에는 예배에 대하여 질문을 합니다. 19-20절을 봅시다.

"여자가 이르되 주여 내가 보니 선지자로소이다. 우리 조상들은 이 산에서 예배하였는데 당신들의 말은 예배할 곳이 예루살렘에 있다 하더이다."

여러분, 우리 주변을 보십시오. 누군가 삶은 엉터리로 살면서도 자신이 신앙이 좋은 사람이라는 것을 알리기 위해 예배가 어떻고, 교회가 어떻고, 하나님이 어떻고 하는 등의 신학적으로 어려운 질문을 던질 때, 우리는 그런 사람들을 견디기가 얼마나 어렵습니까? 사마리아 여인은 예배에 대하여 신학적 질문을 던지고 있습니다. 그러나 지금 그녀에게 절체절명으로 필요한 일이 회개입니다. 자신의 잘못을 시인하는 일입니다. 그 잘못된 삶으로부터 돌아서는 일입니다. 그리고 예수님께서 주시는 새로운 물을 마시는 일입니다. 하지만 그녀는 하나님 앞에서도, 자신 앞에서도 솔직하지 못합니다. 이렇게 숨쉬기도 어려운 정오에 물을 길으러 나오면서도 여전히 야곱의 우물 물을 자랑하고 자신이 드리는 예배 처소를 자랑하고 있으니 참 한심합니다. 하나님 편에서 이런 죄인을 보면 얼마나 답답하고 가슴 아프시겠습니까? 그럼에도 하나님은 사마리아 여인을 포기하지 않습니다.

예수님은 이 여인을 포기하지 않습니다. 끝까지 그녀의 질문에 응답해 주십니다. 잃은 양 한 마리를 결코 포기하지 않는, 사랑이 넘치는 목자의 모습입니다. 주님의 이 모습이 우리의 모습이 되어야 할 것입니다. 우리도 한 영혼을 전도하고자 할 때 끝까지 포기하지 말아야 합니다.

하나님께서 기뻐하시는 예배

요한복음 4:20-26

1. 예배는 우리 기독교인의 삶에 있어서 핵심 요소입니다

예배는 기독교라는 종교의 심장과 같습니다. 기독교의 생명력은 모여서 예배를 드리는 일에서부터 시작된다고 해도 과언이 아닙니다. 기독교라는 종교에서 모임과 예배가 중요하다는 사실은 보수신학자이건 진보신학자이건 모두가 일치합니다. 독일신학자 본회퍼는 히틀러에 저항하다 처형을 당한 사람으로 진보적인 신학자들 중에서도 가장 평이 좋은 목사입니다. 그런 본회퍼가 예배와 모임에 대하여 얼마나 강조하고 있는지 『성도의 교제』에서는 다음과 같이 말합니다.

"신자들의 모임은 언제나 우리의 어머니이다. 그러므로 -심리학적으로 생각할 때- 왜 우리가 모임에 집착하는지를 묻는 질문은 왜 우리가 어머니를 사랑하는지를 묻는 질문과 똑같다. 굳이 대답해야 한다면, 감사하기 때문에 그렇다고 말해야 한다. 그러나 결정적인 대답은 다음과 같은 사실에 있다. 그리스도인은 영적으로 자신을 낳아준 자리를 떠날 만큼 결코 성숙하지 않았다고 생각한다. 그러므로 그는 자신이 받은 은혜에 감사할 뿐만 아니라 항상 새로운 은혜를 받고 항상 새롭게 태어나기를(요 3:3, 고후 4:16) 소원하기 때문에 모임을 찾는다. 그는 여기서 하나님의 말씀이 하나님의 뜻에 따라 선포되고 있다는 사실을 알며, 바로 여기서 모임이 이루어진다(마 18:20)는 사실도 안다. 고독 속에서도 그는 자신이 선한 목자가 인도하는 무리의 한 지체라고 생각하며, 역사적 교회에 충실하게 머문다. 과거에도, 지금도 그는 이 모임에서 생명을 얻었으며, 오직 이 모임 속에서 살아간다. 모임 속에서 -하나님의 뜻에 따라- 교회는 하나님을 위해 살 것을 맹세하며, 여기서 하나님은 공동체 안의 현존을 약속한다…. 요약하면, 모임은 하나님의 뜻이다. 이 뜻에 따라서 하나님은 자신의 나라의 확장을 위해 인간의 사회적 관계를 이용한다. 그리고 하나님의 뜻은 교회의 객관적 정신을 통해 질서정연한 예배를 세우는 가운데서 실현된다. 예배 모임은 교회의 본질에 속한다."

기독교인은 무슨 일을 가장 우선적으로 해야 합니까? 모여서 예배드리는 일입니다. 하지만 우리의 경험에 근거해서 말하자면, 우리는 교회에 들어와서 예배를 드리면서 예배가 경건하지도 않고 너무 세속적이라는 사실로 인하여 크게 실망합니다. 때로는 교회의 예배가 무당굿처럼 보이기도 하고 무슨 쇼처럼 보이는 경우도 있습니다. 문제는 우리가 드리는 예배가 과연 하나님께서 기뻐하시는 예배냐는 것입니다. 모여서 예배를 드리되 하나님께서 기뻐하시는 예배를 드려야 합니다. 그러면 과연 하나님께서 기뻐하시는 예배는 어떤 예배일까요? 오늘 말씀은 하나님을 기쁘시게 하는 예배가 어떤 예배인지에 대한 답을 줍니다.

예수님과 사마리아 여자와의 대화는 이제 생수 논쟁에서 예배 논쟁으로 넘어갑니다. 예수님은 이미 사마리아 여자가 알지 못하는 생수가 있다고 말씀하셨습니다. 그리고 그런 생수를 마셔보지 못했기 때문에 다른 물을 찾으러 다녔으며, 그런 물로도 마음속에 있는 갈증이 채워지지 않았기 때문에 남편을 다섯 명이나 바꾸는 죄를 짓고 살았다고 말씀했습니다. 여자는 자신의 문제를 너무도 정확히 집어내시는 이 유대인 남자가 보통 사람이 아니라는 생각이 점점 더 커졌습니다. 그래서 다음과 같은 말이 자신도 모르게 입에서 터져 나왔습니다.

"여자가 이르되 주여 내가 보니 선지자로서이다"(19).

선지자는 모든 것을 아는 사람입니다. 여자는 자신의 모든 문제를 다 아시는 이 분은 보통 사람들과 다른, 하나님의 선지자라는 생각을 가지게 됩니다. 그녀는 내친김에 자신이 가지고 있던 가장 궁금한 질문을 던져봅니다. 바로 예배에 대한 질문입니다.

2. 예배할 정통 장소는 어디인가?

"우리 조상들은 이 산에서 예배하였는데 당신들의 말은 예배할 곳이 예루살렘에 있다 하더이다"(20).

사마리아 여인은 그녀의 조상 때부터 대대로 전해져 온 말을 인용합니다. "하나님께 예배드릴 정통 장소는 사마리아에 있는 그리심 산이다. 다른 곳은 다 사이비 장소이다." 그래서 그녀는 조상들이 가르쳐준 대로 그리심 산에 와서 하나님께 예배를 드려왔습니다. 그런데 문제는 오랫동안 그곳에서 예배를 드렸는데도 여전히 그녀의 마음에 갈증이 없어지지 않는다는 것입니다. 그래서 그녀는 속으로 '분명히 이 장소에서 하나님께서 자신에게 예배하는 자를 만나주신다고 하셨는데 '왜 내 마음에 갈증은 없어지지 않지?' 라고 궁금했었습니다. 그녀는 혹시 유대 지방에 사는 사람들이 말하는 예루살렘이 참된 예배 장소가 아닐까라는 생각도 해보았습니다. 거기에 가서 예배를 드리면 자신의 마음속에 갈증이 없어지지 않을까라는 생각도 해보았습니다. 그녀는 어떤 객관적인 신학적 사실이 궁금해서가 아니라 자신의 실존적 문제를 해결하기 위해 그에게 물었습니다.

사실 이 여자의 모습은 오늘 우리들의 모습 속에도 있습니다. 우리는 내가 지금 다니고 있는 교회를 통해서 은혜를 받지 못할 때가 있습니다. 그러면 다른 교회, 특히 유명한 교회에 가서 그 유명한 목사님의 설교를 들으면 은혜를 받을 수 있지 않을까 생각합니다. 그래서 영적인 침체가 계속되면 교회를 옮기고 싶은 유혹도 커집니다. 하지만 문제는 여기에서 끝나지 않습니다. 개신교의 예배 자체에 대하여 문제를 제기합니다. 가톨릭교회의 예배가, 아니면 동방정교회의 예배가 정통 예배가 아닐까라는 생각을 가질 수도 있습니다.

여러분, 우리가 예배를 어디에서 드려야 할까요? 특별히 하나님께서 정해 놓으신 장소가 있을까요? 그곳이 예루살렘이라면 우리가 비행기를 타고 거기로 가서 예배를 드려야 할까요? 예수님께서는 이 질문에 대하여 뭐라고 대답하시는지 들어봅시다.

"예수께서 이르시되 여자여 내 말을 믿으라 이 산에서도 말고 예루살렘에서도 말고 너희가 아버지께 예배할 때가 이르리라"(21).

예수님은 사마리아 여자에게 명령하십니다. "여자여, 내 말을 믿으라!" 예수님은 여기서부터는 유대인 손님으로서가 아니라 하나님으로서 그녀에게 말씀하십니다. 그래서 명령형을 쓴 것입니다. "여자여, 내 말을 믿으라!" 다음의 내용은 진리라는 사실을 주지시키는 것입니다. 그다음의 말은 희랍어로 "호티"(οτι)입니다. 호티는 문법에서 〈사실의 that〉으로서 "다음과 같은 사실을 믿으라!"로 번역할 수 있습니다. "여자여, 이 산에서도 말고 예루살렘에서도 말고 다른 방법으로 너희가 아버지께 예배할 때가 이르렀다는 사실을 믿으라." 본래 하나님은 한 장소에만 묶여 있는 분이 아니십니다. 스데반의 설교에서 나오는 것처럼 하나님은 온 천하에 계시지 않은 곳이 없습니다. "그러나 지극히 높으신 이는 손으로 지은 곳에 계시지 아니하시나니 선지자가 말한바 주께서 이르시되 하늘은 나의 보좌요 땅은 나의 발등상이니 너희가 나를 위하여 무슨 집을 짓겠으며"(행 7:48-49).

하나님께서는 임시적으로 예루살렘이라는 장소를 정해서 그곳에 성전을 세우시고 그곳에서 예배를 드리도록 했습니다. 그런데 이런 임시 처소의 유효기간이 끝났다는 것입니다. 예수님께서 오시기 전까지만 임시로 정해 놓은 예배 처소가 이제는 예수님께서 이 땅에 오심으로 새로운 예배 처소로 주어졌고, 예배드리는 새로운 방법이 시작되었다는 것입니다. 바로 예수 안에서 성령과 진리로 드리는 예배입니다. 그리고 예수님께서는 그때가 이미 이르렀다고 말씀하십니다. "아버지께 예배할 때가 이르리라"(21). "곧 이때라"(23).

사마리아 여자는 예수님께서 하신 이 말씀을 아직도 알아듣지 못하고 있습니다. 이를 위해서 예수님의 부연 설명이 더 필요합니다. 그래서 예수님께서 계속 말씀하십니다. 예수님은 사마리아 여인의 질문에 대하여 일차 답변을 주십니다.

"너희는 알지 못하는 것을 예배하고 우리는 아는 것을 예배하노니
이는 구원이 유대인에게서 남이라"(22).

예수님은 사마리아 여인에게 사마리아 사람들은 알지 못하는 것을 예배하고 있다고 말씀하십니다. 하나님을 제대로 알지 못하고 예배를 드리고 있다고 말하는 것입니다. 사마리아인들은 구약에 대하여 제대로 알지 못했습니다. 구약을 보면 분명히 하나님께 예배드릴 장소는 예루살렘에 있다고 말합니다. 사 2:3이 대표적인

성경 구절입니다. "이는 율법이 시온에서부터 나올 것이요 여호와의 말씀이 예루살렘에서부터 나올 것임이니라." 그리고 구원이 "유대인에게로부터 난다"라는 사실을 모릅니다. 구약성경을 보면, 구원자는 유다 지파 다윗의 자손에게서 나오고 그는 유대 땅 베들레헴에서 태어난다고 예언합니다. 사마리아와는 아무 관계가 없습니다. 그리고 예루살렘에 세워진 성전이 하나님께 예배드릴 정통 예배당임을 말하고 있습니다.

사마리아 여인은 성경을 잘못 알고 있었습니다. 예수님은 그녀의 성경에 대한 무지를 지적합니다. 그리고 이 문제는 사마리아 사람들 전체의 문제라는 것을 암시하고 있습니다. 대체로 역사와 전통을 중요시하는 교회들이, 비록 일부의 교회에 국한되지만, 성경에 대하여 무지합니다. 역사와 전통, 예배 의식 등에 매달리다 보니 성경을 진지하게 연구하지 않습니다. 그 결과 구원의 기본적인 도리들을 제대로 알지 못합니다. 그래서 이들은 우리 교회의 역사, 우리 교회의 전통, 우리 교회의 프로그램, 우리 교회의 사업 등에 대해서는 빠삭하게 알면서도 정작 중요한 성경에 대하여는 무지합니다.

3. 하나님께서 기뻐하시는 예배를 드리는 방법

이제 예수님께서는 그녀에게 우리가 어떻게 아버지께 예배를 드려야 할지에 대하여 정답을 말씀해주십니다.

첫째, 하나님을 아버지로 아는 참된 예배자들이 되어야 합니다

"아버지께 참되게 예배하는 자들은 영과 진리로 예배할 때가 오나니 곧 이 때라 아버지께서는 자기에게 이렇게 예배하는 자들을 찾으시느니라"(23).

예수님께서는 하나님을 아버지라고 부르십니다. 예배드리는 자들이 갖춰야 할 가장 중요한 지식은 하나님을 아버지로 아는 지식입니다. 예수님은 하나님을 "ABBA"라고 불렀습니다. 이렇게 부르는 것은 당시 유대교에서는 신성모독에 해당하는 표현이었습니다. 하지만 예수님께서는 하나님을 "아버지"라고 부르심으로써, 우리의 아버지 되시는 하나님의 본래의 모습을 유대인들이 사라지게 만들었다고 비판하십니다. 하나님께서는 본래 자기 백성의 아버지이십니다. 자기 백성에게는 공의로우시지만 동시에 자애로우신 분이십니다. 하지만 유대인들은 하나님을 두렵고 엄한 분으로만 알았지, 자애로우신 분으로는 알지 못했습니다. 그래서 하나님을 아빠라고 부를 수 없었던 것입니다.

그러므로 하나님을 기쁘시게 하는 예배를 드리고자 하는 사람들은 하나님을 아버지로 아는 지식을 가져야 합니다. 하나님을 아버지로 부르는 자들만이 하나님께 참된 예배를 드릴 수 있습니다. 예배의 장소나 방법보다 더 중요한 것이 예배자입니다. 예배자가 하나님을 제대로 아는 참된 예배자가 되어야 합니다. 참된 예배자가 되지 않고서는 하나님께 참된 예배를 드릴 수가 없습니다. 그래서 예수님께서 다음과 같이 말씀하시는 것입니다. "아버지께 참되게 예배하는 자들은." 본래 이 문장은 "호이 알레씨노이 포르스쿠네타이 프로스쿠네수신 토 파트리"(οι αληθινοι προσκυνηται προσκυνησουσιν τω πατρι)로서 "참된 예배자들은 아버지께 예배를 드릴 것이다" 혹은 "참된 예배자들은 하나님을 아버지로 알고 그에게 예배를 드릴 것이다"라고 번역해야 더 좋습니다.

둘째, 영과 진리로 예배를 드려야 합니다

하나님께서 기뻐하시는 예배는 어떤 예배입니까? "영과 진리"(엔 프뉴마티 카이 알레테이아, εν πνευματι και αληθεια)로 드리는 예배입니다. 먼저는 "영 안"에서입니다. 여기서 영은 성령님이십니다. 하나님께 참된 예배를 드리기 위해서는 "성령 안에서", 즉 성령님의 도움을 받으면서 성령님을 통하여 예배를 드려야 합니다. 예수님은 이미 유대인 랍비인 니고데모와의 대화를 통해서 성령님의 도움을 통해서만 사람이 거듭날 수 있고, 진리를 알 수 있고, 하나님께 참된 예배를 드릴 수 있다는 점을 알려주셨습니다.

우리는 인간 정신의 도움으로 하나님께 참된 예배를 드릴 수 없다는 사실을 명심해야 합니다. 인간의 정신을 높이 평가한 사람들이 독일 관념론주의자들입니다. 그들은 인간의 정신(Geist)을 신적 정신의 일부분이라고 말했습니다. 그래서 결국은 인간의 정신을 하나님의 자리로 끌어올렸습니다. 이제 예배의 법도도 인간의 정신이 정했습니다. 그들은 범신론적 신관을 가지고 하나님은 어디에나 계시므로 어디서든지 예배를 드릴 수 있다고 가르쳤습니다. 그리고 우리 생활이 곧 예배이므로 꼭 교회에 가서 예배를 드릴 필요가 없다고 가르쳤습니다. 하지만 우리는 인간의 정신을 의존하지 말아야 합니다. 하나님의 영을 통하여 하나님을 배워야 합니다. 하나님의 성령님만이 하나님을 바로 알려주시고 하나님과 우리를 교통하시도록 도와주십니다. 그러므로 하나님께 참된 예배를 드리시기를 원하시는 분들은 성령의 도움으로 드려야 합니다. 그리고 예배드리는 법도도 배워야 합니다.

우리는 어떻게 예배를 드려야 합니까? 인간들이 고안한 법도에 의하여 예배를 드리지 말아야 합니다. 여러분, 혹시 기회가 되시면 유대인들이 모이는 회당으로 가서 그들이 예배를 어떻게 드리는지를 구경해보십시오. 또 기회가 되시면 로마 가톨릭교에서 드리는 예배나 정교회에서 드리는 예배도 관찰해 보십시오. 그들의 예배에는 여러 종류의 화려한 예배 의식들이 많습니다. 그러나 우리는 그런 의식들이 과연 진리에 근거한 것인지를 비판적으로 살펴봐야 합니다.

예수님은 우리가 하나님께 예배를 드릴 때 그런 의식들이 아니라 진리로 예배를 드리라고 말씀하고 있습니다. 예전 개역성경에서는 "진리"를 "진정"(眞情)으로 번역했습니다. 하지만 "알레테이아"(αληθεια)는 진리입니다. 그러면 진리란 무엇입니까? 예수님이 진리입니다. 예수님께서 "내가 곧 길이요 진리요 생명이다"라고 말씀하셨기 때문입니다. 예배 의식에는 참회기도도 있고, 대표기도도 있고, 찬송도 있고, 설교도 있고, 헌금도 있지만 모두가 "예수 안에서" 행해져야 합니다. 예수님의 십자가를 생각하면서 참회하고, 예수님을 통한 구원을 생각하면서 대표기도를 드리고, 예수님의 은혜를 생각하면서 찬송을 부르고, 예수님을 통하여 이루신 하나님의 구원을 설교하고, 예수님의 헌신을 생각하면서 헌금을 드려야 합니다. 예수님을 빼고 드리는 예배는 팥을 넣지 않은 팥빙수와 같습니다. 반드시 하나님을 기쁘시게 하는 예배에는 예수님께서 들어가야 합니다. 이것이 진리이고 예배의 법도입니다. 그러므로 하나님을 기쁘시게 하는 참된 예배를 드리려면, 예수님의 이름에 근거하여 성령의 도우심으로 하나님 아버지께 예배를 드려야 합니다. 이것이 참된 예배의 삼요소입니다. 세 가지 요소가 없으면 안 됩니다. 하나님을 아버지로 알지 않는 예배, 예수님의 이름에 근거하지 않는 예배, 성령님의 도움이 없는 예배는 하나님께서 받지 않으십니다.

4. 아버지께서는 참된 예배자들을 찾으십니다

지금은 유대인들처럼 제사를 드리는 시대가 아닙니다. 그러므로 우리는 예루살렘에서 혹은 그리심 산에서 예배를 드릴 필요가 없습니다. 지금은 언제 어디서든지 하나님을 아버지로 부르면서 예수님의 이름에 의지하여 성령으로 예배를 드리면 됩니다. 예수님은 말씀하십니다. "곧 이 때라"(호라 카이 눈 에스틴, ωρα και νυν εστιν). 이제는 예루살렘 성전에 가서 제사장이 양이나 소를 잡아 하나님께 바치는 그런 예배를 드리는 때가 아닙니다. 이제는 영과 진리로 예배를 드리는 때입니다. 하나님은 이렇게 영과 진리로 예배를 드리는 자들을 찾으십니다. "아버지께서는 이렇게 예배하는 자들을 찾으시느니라"(23). 왜 이런 예배자를 찾으십니까? "하나님은 영이시니 아버지께 예배하는 자가 영과 진리로 예배할지니라"(24).

하나님은 영이시기 때문입니다. 그분이 영이시기 때문에 예배하는 자들은 영과 진리로 예배를 드려야 합니다. 그분이 영이시면서 인격이시기 때문에 그에게 인격적인 예배를 드려야 합니다. 그러면 어떤 예배가 인격적인 예배입니까? 바울은 다음과 같이 말합니다.

"너희 몸을 하나님이 기뻐하시는 거룩한 산 제물로 드리라 이는 너희가 드릴 영적 예배니라"(롬 12:1).

인격적인 예배가 어떤 예배입니까? 우리 몸을 하나님이 기뻐하시는 거룩한 산 제물로 드리는 예배입니다. 그리고 이 세대를 본받지 말고 오직 마음을 새롭게 함으로 변화를 받아 하나님의 선하시고 기뻐하시고 온전하신 뜻이 무엇인지를 분별하는 예배입니다(롬 12:2). 우리는 영이시고 인격이신 하나님께 이런 신령한 예배를 드려야 합니다. 하나님은 이렇게 영으로 진리로 인격으로 예배를 드리는 자들을 찾으시고 그들에게 복을 내려주십니다.

5. 결론

하지만 오늘날 우리들이 하나님께 드리는 예배에는 "진리와 영으로 드리는" 결정적인 요소가 빠져있는 경우가 있습니다. 마틴 로이드 존스 목사님은 현대 교회의 예배 문제점들을 언급합니다. 그는 많은 사람들이 생각 없이 예배를 드린다고 지적합니다. 그 결과로 예배가 전통과 선입견에 지배되는 예배, 특정 장소에 구애받는 예배, 형식과 외형에 치우친 기계적인 예배, 지성화된 예배, 심리적인 예배가 판을 치고 있다고 통탄합니다. 그는 하나님을 기쁘시게 하는 예배가 되도록 하기 위해서 다음과 같은 점들이 살아나야 한다고 말합니다.

"하나님을 제대로 알고 예배하라. 예배는 하나님 앞에 엎드리는 것이다. 진정한 예배는 오직 하나님을 경배하기에 이르는 것이다. 본질의 예배를 놓치지 말라. 참 예배에 대한 성경의 가르침에 복종하라. 영과 진리로 예배를 드리라. 우리가 예배하는 하나님이 누구신지 기억하라. 영원한 아버지께 모든 염려를 맡기라."

로이드 존스 목사님의 이 지적들은 결국 오늘 본문에서 예수님께서 하신 말씀을 좀 더 구체적으로 풀어낸 말들일 뿐입니다. 어떤 예배가 하나님을 기쁘시게 하는 예배입니까? 하나님을 아버지로 부르면서 예수님의 이름에 의지하여 성령의 도우심으로 하나님께 드리는 예배입니다.

지금 우리가 이렇게 모여 있는 목적이 무엇입니까? 하나님께 기뻐하시는 예배를 드리기 위해서입니다. 하나님께서는 우리가 일주일에 한 번 혹은 두세 번씩 이렇게 함께 모여서 예배를 드리는 것을 매우 기뻐하십니다. 그러므로 우리는 자주 모여서 예배를 드려야 합니다. 하지만 예배를 드리는 것으로 끝나서는 안 됩니다. 하나님께서 기뻐하시는 예배를 드려야 합니다. 또다시 반복해서 말하자면, 하나님을 아버지로 부르면서 예수님의 이름에 의지하여 성령으로 하나님 아버지께 예배를 드려야 합니다. 하나님은 이렇게 예배하는 자들을 찾으십니다. 저와 여러분이 이런 예배자가 되었으면 좋겠습니다.

사마리아 성의 구원

요한복음 4:27-42

1. 사마리아 성의 비극

사마리아 성은 한때 북이스라엘의 수도였습니다. 수많은 북이스라엘 왕들이 이 도시에서 통치했습니다. 그러나 그 왕들 중 어느 누구도 사마리아 성 사람들을 행복하게 해주지 못했습니다. 왕들의 불신앙, 그리고 그들의 불신앙을 본받은 백성의 불신앙 때문에 사마리아 성은 항상 심판을 받았습니다. 이 성에 큰 기쁨이 있었던 적이 역사에서 딱 한 번 있었습니다. 여기에 대하여 열왕기하 6장과 7장에서 보도하고 있습니다.

그 당시 사마리아 성에는 기근이 심하여 먹을 것 다 떨어져 심지어는 비둘기 똥까지 먹어야 했습니다. 왕도 백성도 모두가 아사 직전에 처해 있었습니다. 그러한 상황에서 적이 포위하고 있는 성 밖으로 나가는 데 모험을 한 문둥이 네 명의 활약으로 인하여 사마리아 성은 큰 구원을 경험합니다. 성에 큰 기쁨이 있었습니다.

그러나 이 성은 얼마 지나지 않아 당시의 강대국이었던 앗시리아의 침략으로 멸망을 당하게 됩니다. 이후 적어도 삼백 년이라는 긴 세월이 지난 후에 포로 시기가 끝나고 나라가 회복이 되었음에도 불구하고 사마리아 성에는 기쁨이 찾아오지 않았습니다. 이렇게 비극적이고 슬픈 역사를 가지고 있는 이 성에 드디어 구원의 날이 임했습니다. 온 성 사람들이 함께 즐거워할 큰 구원의 역사가 일어나게 된 것입니다.

구원의 역사는 바로 예수님께서 사마리아 성에 들어가 한 여자를 변화시키시면서부터 시작합니다. 변화된 사마리아 여인은 가만히 있질 않았습니다. 자신이 구세주를 만났다는 소식을 온 성 사람들에게 전했습니다. 그리고 그 소식을 들은 사마리아 성 사람들이 예수님께 나왔습니다. 그들은 예수님께서 말씀하시는 복된 소식을 듣고 큰 구원을 경험하게 됩니다. 그와 동시에 큰 기쁨이 이 성에 임하게 됩니다. 이전에 사마리아 성의 구원에 결정적인 역할을 했던 사람들이 바로 나병 환자들이었다면, 이번에는 성 사람들에게 조차 멸시는 받던 한 여자로 인하여 성이 구원을 경험하게 됩니다.

2. 사마리아 여인은 성 사람들에게 복음을 전했습니다

여자는 물동이를 버려두었습니다

28절을 봅시다. "여자가 물동이를 버려두고." 그 여자는 그녀의 물동이를 버렸습니다. 우리말로는 "버려두고"로 번역되어 있는 희랍어 "아페켄"(αφηκεν)은 "아피에미"(ἀφίημι, 버리다)의 부정과거로 과거의 단회적 행동을 말하면서도 과감한 결단을 강조하고 있는 표현입니다. 그러므로 그녀가 물동이를 버렸다는 뜻은 그녀의 삶의 결단을 상징적으로 말하고 있는 것입니다. 그녀는 이제 이전의 삶과 과감하게 결별을 선언합니다. 그녀가 지금까지 마셨던 우물과 결별합니다. 그 우물에서 물을 긷던 물동이와 결별합니다. 그와 동시에 자신의 잘못된 행실과도 결별합니다. 이제는 더 이상 그런 물을 마시면서 갈증을 채우려 하지도 않을 것이고 그 갈증을 채우기 위해 남편의 바꾸는 것과 같은 죄를 짓지 않겠다는 것입니다.

이 여자의 행동을 교리적 용어로 "회개"라고 합니다. 그녀는 회개했습니다. 회개는 두 측면이 있습니다. 먼저 소극적 측면으로 과거의 잘못된 삶을 진정으로 뉘우치고 과감하게 그 행위로부터 돌아서는 행위입니다. 더 나아가 적극적 측면으로는 자신의 삶을 예수 그리스도에게 초점을 맞추고 그분을 사랑하고 그분의 뜻을 위해 목숨을 바치는 것을 말합니다. 이 사마리아 여인에게는 참된 회개의 두 측면이 모두 나타나고 있습니다. 자신의 삶과 결별하고 이제는 본격적으로 예수 그리스도를 위해 살아가기로 결심합니다. 그 결심이 어떻게 나타납니까?

자신의 동네로 들어갑니다

"동네로 들어가서." "카이 아펠센 에이스 텐 폴린"(και απηλθεν εις την πολιν). 성경 말씀은 "그리고 즉시 그녀는 자신의 마을로 들어갔다"고 보도합니다. 그녀는 예수님이 메시야임을 알아보고 즉시 물동이를 버립니다. 그리고 즉시 자신의 마을로 들어갑니다. 우리는 그녀가 자신의 "동네로 들어갔다"고 하는 표현에 주목해 보아야 합니다. 그녀는 지금까지 이 동네에 살면서 자신의 마을로 공개적으로, 급하게, 그리고 기쁘게 들어가 본 적은 없었습니다. 그녀는 은밀하게, 천천히, 그리고 마음에는 죄의식을 가지고 마을을 드나들었던 여자였습니다. 철저히 자신을 은폐해왔던 그녀가 이제 공개적으로 마을 사람들 속으로 들어갑니다. 무엇이 그녀를 이렇게 바꾸었습니까? 바로 예수님이십니다. 예수님을 만나자 이렇게 그녀의 삶이 은폐성에서 공개성으로 바뀌었습니다. 그녀는 이제 자신의 과거를 다 알고 있는 사람들 속으로, 그래서 늘 자신에 대해 비웃고 깔보던 사람들 속으로, 그리고 자신이 지나가기만 해도 고개를 흔들고 피하던 사람들 속으로 들어갑니다.

이것이 예수님을 만난 후에 변화된 그녀의 삶의 모습입니다. 우리도 예수님을 만나면 이렇게 자신을 공개하면서 사람들 속으로 들어가는 사람들 속으로 변화될 수 있습니다. 예수님만이 사람을 이렇게 변화시킬 수 있습니다.

예수님에 대하여 사람들에게 증거합니다

그녀는 마을 사람들에게 담대히 증거합니다. "오라, 그리고 보라"(도이테 이데테, δευτε ιδετε, come and see). 처음 제자들이 예수님을 만났을 때 말했던 그대로 이 여자도 말하고 있습니다. "와서 보라." 놀라움의 표현입니다. 꼭 한번 만나 보라는 간곡한 부탁입니다. 예수님을 전할 때 우리가 쓸 수 있는 최고의 전도 용어입니다. 그러면서 이 여자는 자신이 만난 예수님을 그들에게 소개합니다. 뭐라고 소개합니까?

그녀는 사람들에게 예수님을 "내가 행한 모든 일을 내게 말한 사람"이라고 소개합니다. 그는 누구냐? 바로 "내가 지금까지 살아오면서 행했던 모든 것을 다 말한 사람"이라는 것입니다. 이 여자의 과거에 대하여 가장 잘 아는 사람들은 다름 아닌 마을 사람들입니다. 그런데 자기들만이 알고 있다고 생각했던 이 여자의 과거를 다 알고 있는 사람을 만나게 되었다니 너무 궁금해진 것입니다. "이 여자의 과거를 다 알다니!" 그렇다면 그 사람은 신 아니면 자신들이 그토록 기다려오던 메시야가 아니냐는 것입니다. 이 여자의 말이 그들의 호기심을 크게 자극시켰습니다. 이 여자는 마을 사람들을 한 번에 움직일 수 있는 그런 말을 한 것입니다. 그리고 사람들은 그 말에 그대로 움직여졌습니다. 그렇습니다. 사실 사람들은 이렇게 심금을 울리게 하는 한마디 말에 움직이게 되는 것입니다. 그런데 이런 말은 자신에게 일어난 충격적인 경험을 통해서만 가능합니다. 우리 역시 예수 그리스도를 만나는 충격적인 경험을 하게 될 때, 주변 사람들의 마음을 사로잡을 수 있는 한마디를 던질 수 있을 것입니다.

사마리아 여인은 마을 사람들에게 마무리 투수가 마지막 결정구(球)를 던지듯이 다음과 같이 말합니다. "이는 그리스도가 아니냐?"(메티 후토스 에스틴 호 크리스토스, μητι ουτος εστιν ο χριστος). 이렇게 말한 사람이 어떻게 그리스도가 아닐 리가 있겠느냐는 뜻입니다. 이 사람이 그리스도가 틀림없다는 말입니다. 도대체 그리스도가 아니라면 어떻게 나의 과거사를 다 말할 수 있느냐는 것입니다. 정말로 여인의 탁월한 변론술입니다. 이 여자는 "제가 오늘 우리가 기다리던 예수를 만났습니다. 제가 그를 만나 대화를 나눈 뒤 저는 변화되었습니다. 이제는 저는 이전과 같이 살지 않겠습니다. 여러분도 이 예수님을 만나보십시오. 지금 그에게로 갑시다"라는 말을 이렇게 기가 막힌 한 문장으로 끝내버리는 것입니다. "내가 행한 모든 일을 내게 말한 사람을 와서 보라 이는 그리스도가 아니냐?"

여러분에게 예수님은 누구십니까? 저는 대학교 다닐 때 학과장 교수님이 하신 말씀을 지금도 잊지 않고 있습니다. 그 교수님은 자신이 대학생이던 시절 술병을 차고 다니던 분이었습니다. 그런데 그랬던 사람이 예수님을 믿고 난 후 술을 끊었습니다. 그리고 사람들에게 만나 전도를 할 때마다 교수님께서 늘 하시던 말씀은 "저는 예수 믿고 술을 끊었습니다"이었습니다. 단지 그 간단한 한 문장이었습니다. 우리 역시 성령충만할 때 가장 나다운 스타일로 사람들에게 예수님을 전할 수 있습니다. 사마리아 여인의 이 전도방법은 큰 효과를 보게 됩니다. 사람들이 그녀의 말에 움직입니다.

예수님께로 오는 사람들

"그들이 동네에서 나와 예수께로 오더라"(30). 모두들 그늘 밑에서 쉬어야 할 정오에 이 여자의 전도를 듣고 예수님을 만나기 위해 삼삼오오 줄을 지어 예수님께로 오는 장면을 상상해 보십시오! 유명한 연설가, 변론가, 학자의 말을 듣고 사람들이 오는 것이 아닙니다. 바로 그 성에서 가장 무시 받던 한 여자의 말을 듣고 그곳으로 오는 것입니다.

우리는 복음전도에 대하여 생각할 때, 우리가 상당히 유식해야만 복음을 전할 수 있다고 생각하는 경향이 있습니다. 복음전도와 유식한 것은 아무 관계가 없습니다. 그래서 전도를 잘 하는 사람들의 대부분은 유식하다는 소리를 듣는 사람들이 아닙니다. 제가 예전에 독일에 살 때 독일어를 가장 못 하는 사람들이 누구냐? 바로 문법적으로 가장 정확하게 말하려는 사람들입니다. 문법 지식이 거의 없어도 한두 단어만 가지고도 자신의 의사 표현을 충분히 잘 하는 사람들을 저는 많이 보았습니다. 예수님과 우리와의 관계가 바로 그러한 관계입니다. 우리가 예수님을 진정으로 만났다면 한두 마디 말로도 다른 사람들에게 예수님을 전할 수 있습니다. 문제는 확신이고 감격이고 진실성입니다. 세상 사람들은 우리 예수 믿는 사람들로부터 확신에 차서 감동적으로 전하는 진실성 있는 말을 듣고자 하는 것입니다.

오늘날 오랫동안 교회에 다니고, 수많은 설교를 듣고, 성경 공부를 통해 기독교 지식은 넘치도록 쌓여있으면서도 사람들에게 "와 보라"는 말 한마디 못하고 살아가고 있는 분들이 너무 많습니다. 참으로 서글프고 안타까운 일입니다. 사랑하는 여러분! 아직 성경을 다 알지 못하고, 아직 지식이 부족하다 해도 전도합시다!

사마리아 여인의 증언을 듣고 많은 사람들이 예수님을 믿었습니다 39절을 함께 읽어봅시다.

"여자의 말이 내가 행한 모든 것을 그가 내게 말하였다 증언하므로 그 동네 중에 많은 사마리아인이 예수를 믿은지라."

우리는 이 구절을 주목해서 볼 필요가 있습니다. 사마리아 사람들이 언제 예수님을 믿었습니까? 이들은 예수님에게로 나아가고 있습니다. 그들은 아직 예수님을 만나지도 못했습니다. 그리고 예수님께로부터 어떤 설교도 듣지 못했습니다. 그러나 이미 그들은 예수님을 믿었습니다. 어떻게 믿었습니까? 사마리아 여인의 증거의 말을 들었기 때문입니다.

사마리아 여인은 앞에서 말씀드렸던 것처럼, 내가 행한 모든 것을 내게 말한 사람을 만나게 되었는데 이 분은 그리스도임이 틀림없다고 사마리아 성 사람들에게 증거했습니다. 그녀가 그들에게 보여준 것은 아무것도 없습니다. 확실한 증거물을 제시하지도 않았습니다. 예수님과 함께 찍은 인증 사진을 보여주지도 않았습니다. 그런데도 그들은 그녀의 증거의 말을 듣고 예수님을 믿었습니다. 비단 이 사마리아 사람들뿐이겠습니까? 역사상 예수님을 믿었던 수많은 사람들은 오직 예수님을 전하는 사람들의 "증거의 말," 곧 "증언"만을 듣고 믿었습니다. 우리가 생각할 때 신을 직접 보고, 직접 몸으로 체험해야만 하나님을 믿을 것 같지만, 놀랍게도 수많은 사람들이 단지 증거의 말을 듣고 예수님을 믿었습니다. 그러므로 우리도 예수님을 증거해야 합니다. 증거의 방법은 다양하더라도 예수님에 대하여 증거해야 합니다. 사마리아 성 사람들은 예수님께 오기도 전에 이미 여인의 증거를 듣고 예수님을 메시야로 믿었습니다. 그러므로 그들이 막상 예수님 앞에 섰을 때는 예수님께 당신이 그리스도가 맞느냐고 묻지 않았습니다.

사마리아 사람들은 예수님께 와서 자기들과 함께 거하자고 청합니다 40절을 봅시다.

"사마리아인들이 예수께 와서 자기들과 함께 유하시기를 청하니 거기서 이틀을 유하시매."

　그들은 예수님께 와 그에게 당신이 그리스도시냐고 묻지도 따지지도 않습니다. 예수님을 보기도 전에 이미 그들은 예수님을 믿었습니다. 사실 보지 않고 증언만을 통하여 믿는 사람들이 가장 복된 사람들입니다. 만약 어느 성도님이 분당두레교회 김용주 목사에게 가면 하늘의 메시지를 들을 수 있다고 말하는 우리 교회 교인의 증거를 믿고 여기에 왔다면, 아마 그분은 저에게 과연 당신이 그럴 수 있는 사람이냐고 묻지도 따지지도 않을 것입니다. 매주 일 전해지는 설교가 은혜롭게 들릴 것입니다. 그러나 일단 들어보고 따져보고 결정하라는 분의 전도를 듣고 오신 분이면, 설교 시간마다 따지느라고 말씀이 들어오지 않을 것입니다. 그 결과 신앙생활도 행복하지 않을 것입니다. 그러므로 여기 교회에 오시기 전에 이미 예수님은 하나님의 아들이시고 우리 구주라는 사실을 믿고 오십시오. 그러면 이곳에서 예배를 드릴 때마다 감격이 넘칠 것입니다.

　사마리아 성 사람들은 이 점에서 복을 받은 사람들입니다. 그들은 예수님께로 가서 그에게 묻지도 따지지도 않았습니다. 단지 한 가지 부탁을 드렸습니다. "우리와 함께 있을 수 없을까요?" 메시야임을 따지는 질문을 하기 위해서 머물러 달라고 부탁한 것이 아닙니다. 메시야로서 하시는 말씀을 듣고자 머물러 달라고 부탁한 것입니다. 전자의 태도와 후자의 태도는 큰 차이가 있습니다. 여러분, '오늘 말씀을 들을 때 저 목사가 전하는 것이 과연 하나님의 말씀일까?'라고 따지며 듣지 마시고, 목사가 전하는 말씀은 하나님의 말씀이 틀림없다는 믿음으로 말씀을 경청하십시오. 의심하는 마음 안에는 평화가 없습니다. 그러나 믿음의 마음에는 평화가 넘칩니다.

예수님의 말씀을 듣고 믿는 자가 더욱 많아졌습니다

예수님은 갈릴리로 급히 올라가셔야 했기에 사마리아 사람들과 함께 오랫동안 머무를 수 없었습니다. 단지 이틀 동안만 그들과 함께 계셨습니다. 그 이틀 동안 예수님께서는 그들에게 하나님 나라의 말씀을 전해주었습니다. 그러자 이미 예수님을 믿고 있었던 사람들은 그가 메시야임에 대하여 더욱 확신을 가지게 되었습니다. 심지어 아직 예수님을 믿지 않고 그에게로 가지 않았던 사람들도 예수님의 말을 듣고 그를 믿기 시작했습니다. 이들도 상당한 수였습니다. 또 어떤 사람들은 사마리아 여인의 말을 듣고 예수님을 믿게 되었고, 어떤 사람들은 예수님께서 직접 하신 말씀을 듣고 예수님을 믿게 되었습니다. 어떤 방법으로 믿었든지 간에, 이 성의 대부분의 사람들이 예수님을 믿게 되었습니다. 41-42절을 봅시다.

> "예수의 말씀으로 인하며 믿는 자가 더욱 많아 그 여자에게 말하되 이제 우리가 믿는 것은 네 말로 인함이 아니니 이는 우리가 친히 듣고 그가 참으로 세상의 구주신 줄 앎이라 하였더라."

사마리아 성의 사람들은 이제 예수님을 세상의 구주라고 고백했습니다. "호 소테르 투 코스무"(ο σωτηρ του κοσμου). 이 어두운 세상, 이 진리가 없는 세상, 이 생명이 없는 세상, 이 빛이 없는 세상을 구원하실 세상의 구주가 바로 예수님이심을 그들은 믿었습니다.

3. 예수님을 믿으면서 성에 구원이 임했습니다

앞의 서론에서 말씀을 드렸던 것처럼 적어도 천 년 이상 사마리아 성에는 구원이 없었습니다. 그러므로 평화도 기쁨도 없었습니다. 그러나 예수님께서 그곳에 들어가심으로써 사마리아 여인의 회심을 통하여, 그리고 이 여인의 전도를 통하여 이 성에는 구원이 임합니다. "예수가 메시야이시고 세상의 구주"라는 진리의 깃발이 다시 성문에서 휘날리게 되었습니다. 참된 지식을 되찾으니 참된 예배가 되찾아지고, 참된 예배가 드려지니 참된 삶이 뒤따르게 되었습니다. 영적 회복이 돌아오면서 정치적으로 사회적으로 안정되고 평화가 넘쳐났습니다. 예수 중심의 새로운 예술이 곳곳에서 꽃을 피었습니다.

성의 구원은 바로 예수님을 모시면서 시작됩니다. 사마리아 성이 그랬습니다. 루터가 사역하던 비텐베르크가 그랬습니다. 칼빈이 사역하던 제네바가 그랬습니다. 그리고 존 낙스가 사역하던 에딘버러가 그랬습니다. 한 나라의 구원도 예수님을 모시면서 시작됩니다. 한 도시의 구원도 예수님을 모시면서 시작됩니다. 한 가정의 구원도 예수님을 모시면서 시작됩니다. 한 개인의 구원도 예수님을 모시면서 시작됩니다.

예수님은 우리를 구원하실 메시야이시고 세상의 구주이십니다. 예수님을 믿고 여러분의 인생이 행복으로 넘치는 성이 되시기를 주님의 이름으로 축원 드립니다.

| 에필로그 |

누구나에게 밤은 있습니다. 하지만 밤은 우리 힘으로 물러가게 할 수 없습니다. 밤을 물러가게 하실 분은 오직 낮의 왕국의 왕이신 예수 그리스도 밖에 없습니다. 인생의 밤을 맞고 있는 분들은 지금이라도 예수님을 찾아갑시다. 예수님은 밤에 찾아온 손님을 외면하지 않습니다.

거의 30년 동안이나 깊은 밤을 지내며 방황하다가 밤에 예수님을 찾아와 그를 만났던 히포의 감독 어거스틴은 다음과 같이 고백하였습니다.

"주님은 우리를 지으실 때에 주님을 바라보며 살아가도록 지으신 까닭에, 우리의 마음은 주님 안에서 안식할 때까지는 쉴 수가 없기 때문입니다."

예수 안에만 참된 안식이 있습니다. 예수님을 믿고 참된 안식을 누리십시오.